West- und Ostrom am Scheideweg.
Galla Placidia und Synesios von Kyrene

von Rolf Helfert

Zweite ergänzte Auflage

2026

Inhalt

1

1. Einleitung

Der Geist ist selbst sein eigener Ort und macht aus Himmel Hölle sich, aus Hölle Himmel.

John Milton, Das verlorene Paradies

Der Philosoph und Schriftsteller Synesios von Kyrene hielt 399/400 in Konstantinopel eine dramatische Ansprache. Germanische Söldner wollten die Macht im Staat an sich reißen, warnte Synesios und forderte, den alten Römergeist zu erneuern, der allein die Germanen bezwingen könne.

395 war das Römische Reich endgültig in eine West- und Osthälfte zerfallen. Die Idee der Reichseinheit bestand weiter, doch gingen beide Teilreiche getrennte politische und kulturelle Wege. In Ostrom, das 400 kurz vor dem Untergang stand, kontrollierten Germanen die Hauptstadt und große Teile des Landes. Das Westreich aber, regiert vom tatkräftigen Heermeister Stilicho, verlebte relativ sichere Tage.

Wenige Jahre später sah die Lage völlig anders aus. Den gleichen Germanen, die der Osten abgewehrt hatte, erlag das Westreich. 410 plünderten Goten die Stadt Rom; der letzte weströmische Kaiser wurde 476 abgesetzt. Die Frage, warum dem Osten gelang, woran der Westen scheiterte, bildet den Dreh- und Angelpunkt meiner Studie.

Gelingt es, dieses Rätsel zu lösen, ist noch eine andere Frage beantwortet. Warum gingen aus dem Römischen Reich zwei unterschiedliche *Kulturen* hervor, die oströmisch-byzantinische und das westliche Mittelalter? Bekanntlich war das Mittelalter eine neue Epoche.

Synesios repräsentierte ein an Vorbildern der heidnischen Antike orientiertes Denken. Im Westen verkörperte die Kaisertochter Galla Placidia, die Römer und Germanen zu verschmelzen hoffte, das genaue Gegenteil. Beide stehen für zwei sehr verschiedene kulturgeschichtliche Konzepte. Erst der Vergleich offenbart das Spezifische und ist das wichtigste Mittel historischer Erkenntnis.

Der Zeitraum der Untersuchung beginnt 376, als gotische Stämme die Donau überquerten und endet mit der Plünderung Roms 410, die eine Ära abschloss, in der welthistorische Entscheidungen fielen.

Interessierten Laien soll eine komprimierte Darstellung geboten werden. Die Schilderung der Fakten basiert auf den angegebenen Quellentexten und Geschichtsbüchern. Meine Analyse enthält Elemente, die in der einschlägigen Sekundärliteratur nicht oder nur ansatzweise vorzufinden sind [1].

2. Der frühe Beginn der Spätantike

Wann die Spätantike begann, ist sehr umstritten. Vielen gilt der Tod Mark Aurels 180 als wichtige Zäsur, anderen die Krise des 3. Jahrhunderts. Nicht wenige verweisen auf Diokletians Staatsreformen, die Legalisierung des Christentums oder den Anfang der Völkerwanderung 376. Mei-

---

[1] Dieser Text basiert auf einem Vortrag, den der Verfasser 1983 über Synesios von Kyrene und die epochale Wichtigkeit des Sieges über die Goten in Konstantinopel (400) gehalten hat.

nes Erachtens begann die Spätantike mit der Errichtung des Principats durch Augustus. Nicht zufällig stiegen damals jene Kräfte empor, welche die Zukunft gestalteten: Germanen (Schlacht im Teutoburger Wald) und Christen. Bereits Cäsar und Augustus rekrutierten germanische Söldner für ihre Leibwachen.

Roms Aufstieg war dem Staatsbewusstsein der Bürger in republikanischer Zeit zu verdanken. Aber nur eine Militärmonarchie konnte das enorm vergrößerte und vielgestaltige Reich effektiv regieren. Bürgersinn und Staatsbewusstsein verkümmerten. Der Niedergang trat früh unter der Herrschaft despotischer Kaiser zutage (Caligula, Nero). Schon im Vierkaiserjahr 69 n. Chr. rivalisierten mehrere Generäle um das höchste Staatsamt.

Die Kaiser mussten privilegierte Gruppen des Militärs oder der Prätorianer materiell befriedigten. Lange bevor die Germanen Rom existentiell gefährdeten, versteigerten Prätorianer 193 das Kaiseramt. Der Staat funktionierte wie eine entseelte Maschine; statt des Bürgersinns benötigte sie Geld.

Der inneren Selbstschwächung folgte außenpolitischer Druck. Immer längere Grenzen hatte der römische Imperialismus gezogen, die immer schwerer zu verteidigen waren, sobald feindliche Offensiven gleichzeitig an mehreren Stellen erfolgten. Die römische Expansion brachte ihr eigenes Gegenteil hervor – eine lehrreiche historische Dialektik [2].

---

[2] Jedoch erklärt die Größe des Reiches, das über beträchtliche Ressourcen verfügte, keinesfalls den kulturhistorischen Umbruch, der in der Spätantike stattfand, zumal die Osthälfte des

Jahrhundertelang vermochte Rom zahlreiche Kulturen und Völkerschaften in sein Herrschaftssystem einzubauen. Wieder begann, als der Bogen überspannt wurde, eine dialektische Umkehr. Symptomatisch hierfür ist die inflationäre Ausdehnung des römischen Bürgerrechts 212. Die *Kehrseite* der gleichen Prinzipien, die Rom einst groß gemacht hatten, stürzten es in die Krise.

Viele Germanen, zunächst vor allem Franken, wanderten ins Römische Reich ein. Anfangs fassten sie in den Hilfstruppen Fuß und besetzten später hohe Offiziersränge. Diokletian, Konstantin I. und Theodosius I. rekrutierten dem Reich nicht angehörende germanische Stammesgruppen.

Der Historiker Zosimos schildert eindringlich die gefährlichen Konsequenzen der Aufnahme von „Barbaren" in das römische Heer. Denn die Germanen „hegten freilich insgeheim den Gedanken, dass sie bei wachsender Zahl den Staat leichter angreifen und alles in ihre Hand bekommen könnten". Und sobald die außerhalb der Reichsgrenzen befindlichen Germanen „die Schwäche des Römerheeres bemerkten, glaubten sie den Augenblick gekommen, das in so großer Sorglosigkeit dahinlebende Reich anzugreifen" (Zosimos, Neue Geschichte) [3]. Rom verlor schrittweise die Kontrolle über das eigene Militär.

Bürgerkriege, Soldatenaufstände und Gegenkaiser (Usurpatoren) bestimmten Mitte des 3. Jahrhunderts den

---

Imperiums nicht unterging. Roms Größe war nur eine Bedingung der Möglichkeit des Niedergangs.

[3] Vgl. bei allen zitierten Autoren das unten angefügte Verzeichnis der Quellen und Literatur. Textübersetzungen stammen nicht vom Verfasser.

römischen Alltag. Gleichzeitig wuchs die außenpolitische Bedrohung des Reiches. Um 240 machten erstmals Goten von sich reden; sie plünderten römische Provinzen. Unter ihrem König Cniva gingen sie etwa 250 über die Donau und stießen bis Thrakien vor. Nahe Abritus mussten die Römer 251 gegen die Invasoren eine katastrophale Niederlage hinnehmen, bei der Kaiser Decius den Tod fand - eine Parallele zur Schlacht bei Adrianopel 378 [4] .

Balkanvölker griffen Dakien und Moesien an, während im Osten die sassanidischen Perser, denen Rom Tribut zahlte, immer größere Probleme verursachten. Kaiser Valerian geriet 260 in die Gefangenschaft der Perser, die mehrere römische Provinzen verheerten.

Die am Rhein ansässigen Franken, Alemannen und andere Germanen attackierten Norditalien und Gallien. Sonderreiche (Gallien, Palmyra) mussten gewaltsam beseitigt werden. Rom blickte in den Abgrund. Erst in der zweiten Jahrhunderthälfte stellte Kaiser Aurelian eine halbwegs stabile Situation her.

Diese relative Konsolidierung setzte Diokletian fort, der seit 284 regierte und mit dem viele Historiker die Spätantike beginnen lassen. 286 machte Diokletian, der den Osten regierte, Maximian zum Mitkaiser (Augustus) im westlichen Teil des Reiches.

Anfang der 290er-Jahre führte Diokletian das Regierungssystem der Tetrarchie ein. Das Imperium regierten nun zwei gleichberechtigte Kaiser (Augusti), denen jeweils ein Caesar als Nebenregent zur Seite stand. Ange-

---

[4] Vgl. unten Kap. 3.1.3

7

sichts der Mehrfrontenkriege sollte die Tetrarchie das Reich besser schützen. Jedoch bereitete Diokletian unfreiwillig die Teilung des Gesamtstaates vor.

Außerdem schuf der Kaiser einen straffen Verwaltungsapparat aus 119 Provinzen, zusammengefasst in 12 Diözesen, reformierte das Militär, erließ ein Höchstpreisedikt und legitimierte sich religiös, indem er Jupiter zu seinem Schutzgott erhob und den Beinamen Jovius annahm.

Auch Konstantin I. wollte das Kaisertum religionspolitisch stabilisieren und führte 313 die Religionsfreiheit ein, die dem Christentum zugutekam, welches zur alleinigen Religion aufstieg und das Imperium stützen sollte. Konstantin privilegierte die Kirche massiv; so zahlten Kleriker keine Steuern, waren vom Militärdienst freigestellt und durften öffentlichen Ämtern fernbleiben.

Unzählige innere Streitigkeiten der Christen zwangen Konstantin, der Kirche viel Zeit und Kraft zu widmen. Die 314 und 325 vom Kaiser einberufenen Konzilien sollten religiöse Unstimmigkeiten lösen. Gegen Ende des 4. Jahrhunderts beanspruchten Bischöfe erstmals, die Kaiser zu maßregeln, [5] welche christliche Intoleranz zu spüren bekamen. Konstantin hatte die Büchse der Pandora geöffnet und scheiterte wie Diokletian.

Den eigentlichen Grund der allgemeinen Krise erkannten beide nicht. Seit der frühen Kaiserzeit wandelte sich das römische Denken und verursachte den Niedergang des Staatsbewusstseins. Mehr und mehr verabschiedeten sich die Römer aus der Welt ins Himmlische.

---

[5] Vgl. unten Kap. 7.2

8

Der Historiker Ammianus Marcellinus beklagte Ende des 4. Jahrhunderts die Gleichgültigkeit vieler Bürger dem Imperium gegenüber. Das Heidentum verlor seine Energie und ermöglichte den Aufstieg des Christentums. Teils resultierte die christliche Religion aus der Tendenz zur Weltflüchtigkeit und hat sie andererseits verstärkt. „Jesus von Nazareth" hat es nie gegeben; diese Figur ist eine Erfindung, die bereits *vorhandene* Bedürfnisse zufrieden stellte.

Christen verweigerten den Militärdienst; an die Stelle des römischen Soldaten trat der Klosterinsasse. Nichtsnutzige Mönche und Nonnen in Legionsstärke vergeudeten enorme Ressourcen (E. Gibbon, Bd. 4), predigten Unterwürfigkeit, Feigheit, knechtische Duldsamkeit. Hasserfüllt bekämpfte das katholische Christentum jegliche heidnische Bildung und Wissenschaft; es lehrte die heilige gläubige Einfalt. „Von allen Büchern der Heiden enthalte dich!" (zit. nach C. Nixey, Heiliger Zorn). Manche Christen riefen dazu auf, Selbstmord zu begehen.

Fast alle Germanen verachteten die asketisch-weltflüchtige Moral besonders des Katholizismus. Der berühmte Heide Celsus, der das Christentum kritisierte, erkannte schon um 170, welche Gefahr die neue Religion heraufbeschwor.

Einer der wichtigsten Theologen des frühen Christentums namens Origines (185-253) kastrierte sich mit eigener Hand. Origines beging diese Grausamkeit, weil er den Forderungen des Evangeliums gehorchen wollte (Eusebius, Kirchengeschichte). Der Entmannung des Origines

9

entsprach die geistige Selbstkastration des Römertums [6]. Natürlich galt das nicht für alle Römer in gleicher Weise, doch änderte das nichts an der generellen Tendenz. Jacob Burckhardt schrieb in den „Weltgeschichtlichen Betrachtungen", dass in der Spätantike die Religion das Staatsbewusstsein ersetzte und der Staat durch die Kirche abgelöst wurde.

Trotz alledem bleiben die drei wichtigsten Fragen, die nun zu erörtern sind, ungeklärt. Warum behauptete sich das oströmische Reich, und aus welchem Grund beschritt der Westen nicht den gleichen Weg? Wieso endete mit Westrom eine ganze Epoche?

3. Ostrom am Abgrund

3.1 Die Invasion der Goten

3.1.1 Angriff der Hunnen

Lange Zeit war die nördlich des Schwarzen Meeres gelegene Region politisch ruhig geblieben. Ende 375 verunsicherten Gerüchte die Römer; es gebe harte Kämpfe zwischen mehreren Stammesvölkern. Unheimliche Vorzeichen, schreibt Ammianus Marcellinus, weissagten bereits den Tod des Kaisers Valens, der die Osthälfte des Römischen Reiches regierte [7].

---

[6] Keinesfalls darf diese religiös bedingte, geisteskranke `Selbstkastration` mit `Dekadenz` verwechselt werden; hier besteht ein gewaltiger Unterschied.
[7] Ammian verfasste seine Darstellung in den 390er-Jahren.

Goten und andere Völkerschaften lebten zwischen Donau und Schwarzem Meer. Der gotische Volksstamm der Terwingen, die in Moldawien und der Walachei siedelten, zog mehrheitlich an die Donau. Bald folgten ihnen Teile der Greutungen von diesem anderen gotischen Stammesverband.

Terwingen, zahlreich wie „Sandkörner", erreichten Mitte 376 das Nordufer der unteren Donau (Ammianus, Buch 31). Niemand kennt ihre genaue Zahl; manche Historiker schätzen sie auf etwa 200 000. „Mit zahllosen Wagen und Zugtieren", mit Weib und Kind, die eine „gewaltige Prozession" bildeten (P. Heather, Untergang), pochten sie an die Tore des Römischen Reiches. „Ganz zu Anfang nahmen unsere Leute die Sache nicht ernst", notierte Ammianus (B 31), aber schon bald eskalierte die Situation zur ungeahnten Katastrophe.

376 begann die „Völkerwanderung" und endete genau 100 Jahre später mit der Absetzung des letzten weströmischen Kaisers. Wie viele andere stellt Peter Heather *nicht* die Frage, warum das oströmische Reich weiter existierte, obwohl die germanische Invasion diesen Reichsteil zunächst weit stärker als den Westen traf.

Das nomadische Reitervolk der Hunnen, glaubte Ammian, habe die Wanderung der Goten verursacht. Die wegen ihrer Grausamkeit gefürchteten Hunnen kamen aus der eurasischen Steppe und gliederten sich in autonome Gruppen. Stets attackierten sie zu Pferde und schossen dank ihres Reflexbogens mörderische Pfeile aus großer Entfernung ab.

11

Warum die Hunnen vorstießen, ist ungeklärt. „Diese kampfestüchtige, unbändige Menschenrasse" brenne „vor entsetzlicher Gier nach Raub fremden Gutes". Die Hunnen besäßen „gedrungene, starke Gliedmaßen" und seien so hässlich, dass sie an „zweibeinige Bestien" erinnerten und die „allergefährlichsten Kämpfer" seien (Ammianus, B 31).

Zuerst besiegten die Hunnen 375 das sarmatische Volk der Alanen, die sie unterwarfen und teilweise ihren Scharen eingliederten. Erfolglos versuchten die Greutungen, den Hunnen und Alanen zu widerstehen. Der Gotenkönig Ermanerich beging Selbstmord oder wurde geopfert, sein Nachfolger Widimir fiel in der Schlacht. Nun gaben die Greutungen den Kampf verloren und setzten sich teilweise zur unteren Donau ab.

Am Dnjestr begegneten ihnen die von Athanarich geführten Terwingen, die kein Bündnis mit den Greutungen abschlossen, sondern allein gegen die Hunnen kämpften. Geschlagen zogen die Terwingen in die Nähe der Karpaten; dort hielten sie den Hunnen ebenfalls nicht stand. Die meisten Terwingen verließen Athanarich und zogen unter Fritigern und Alaviv an die Donau. Durch Gesandte baten sie den oströmischen Kaiser Flavius Valens „demütig um Aufnahme, wobei sie versprachen, sie wollten ein friedliches Leben führen und, wenn nötig, Hilfstruppen stellen" (Ammianus, B 31).

Bei den Römern liefen „furchtbare Gerüchte" um, dass barbarische „Nordvölker" aufgebrochen seien und manche Gruppen die Donau erreicht hätten (Ammianus, B 31).

Waren die Hunnen an allem schuld? Hätte ohne sie die Völkerwanderung nicht stattgefunden? Keineswegs bedrohten Hunnen, die plündern, aber nicht erobern wollten, nahe der Donau ansässige Germanen. Auch waren Terwingen und Greutungen, die gemeinsam die Asiaten hätten bekämpfen können, nicht endgültig geschlagen worden.

Ostgermanen mieden die Landwirtschaft, denn sie bevorzugten eine nomadische Lebensweise. Längst waren Germanen in das Römische Reich eingewandert und dienten als Soldaten. Der Gedanke, römisches Land zu besiedeln, wurde durch die Hunnen verstärkt und ausgelöst, kam den Goten aber schwerlich erst 376.

Das Asylbegehren der Goten schuf eine neue und höchst kritische Situation. Erstmals forderte eine ganze Volksgruppe, auf römischem Boden leben zu dürfen. Erstaunlicherweise verkannte Kaiser Valens, der in Antiochia weilte, die enorme Gefahr. Valens begrüßte die Ankunft der Goten, denn sie sollten Roms Legionen verstärken, um „dadurch ein unbesiegliches Heer zu gewinnen" (Ammianus, B 31). Außerdem spare das Reich Steuergelder, glaubte der naive Herrscher, weil der Staat keine Römer ausheben müsse. Tatsächlich hatten Goten seit den 330er-Jahren zeitweise Kriegsdienst für Rom geleistet.

Warum sollte Rom *eigene* Kräfte entwickeln, wenn Fremde ihre Dienstleistung anboten? Der unfähige Kaiser holte „das Verderben in die römische Welt" (Ammianus, B 31). Valens erlaubte den Terwingen, die Donau zu überqueren und in Thrakien zu siedeln, ganz wie sie es gefordert hatten. Dafür sollten sie das römische Heer unterstützen, und hochgestellte Goten waren verpflichtet, das Christentum anzunehmen. Dass nur wenige römische

Truppen die Balkangrenze bewachten, irritierte Valens nicht. Nun kamen die Goten „Tag und Nacht auf Schiffen, auf Flößen und auch auf Einbäumen herüber" (Ammianus, B 31).

Dabei hatte Valens bereits Ende der 360er-Jahre harte Kämpfe gegen Athanarichs Terwingen ausgefochten! 369 brach er diesen Krieg ab, weil die Perser Armenien und andere römische Provinzen gefährdeten. Größtenteils lagen Valens` Truppen nahe dem Kaukasus; mit einer zweifachen Gefahr sah sich das Ostreich konfrontiert.

3.1.2 Erster Aufstand der Goten

Kaum hatten die Terwingen unter Fritigern das Südufer der Donau erreicht, entstanden neue Probleme. Die römischen Militärkommandanten Lupicinus und Maximus nutzten die Hungersnot der Germanen und verkauften ihnen Lebensmittel. Einen hohen Preis zahlten die Goten; eigene Landsleute schickten sie in römische Sklaverei.

Obwohl Roms Schicksal auf dem Spiel stand, dachten Lupicinus und Maximus nur an ihren persönlichen Gewinn – so tief war das Staatsbewusstsein gesunken. Auch die Machtergreifung des Christentums setzte die *vorherige* Auflösung des Staatsgedankens voraus. Das Neue siegte dort, wo das Alte geschwächt war.

Derweil erreichten auch die erwähnten Greutungen [8] sowie jene Terwingen, die bei Athanarich verblieben waren, das Nordufer der Donau. Die Bitte der Greutungen, den

---

[8] Sie wurden von Alatheus und Safrax geleitet.

Fluss überschreiten zu dürfen, lehnte Valens jedoch ab [9]. Athanarich hielt es nun für zwecklos, das gleiche Ersuchen an Valens zu richten, zumal er mit ihm verfeindet war, und ging mit den Restterwingen wieder in die Nähe der Karpaten zurück.

Da bei den Migranten südlich der Donau Not und Zorn herrschten, erwartete Lupicinus Unruhen und befahl ihnen, Marcianopel aufzusuchen. Römische Soldaten, die er kommandierte, begleiteten die Goten. Den Abmarsch des Lupicinus nutzten die Greutungen und überquerten die Donau. Fritigern, der ein Bündnis mit den Greutungen anstrebte, zog nur langsam ab.

In Marcianopel gab es sogleich Streit zwischen Römern und Germanen. Nur Fritigern und andere gotische Häuptlinge durften die Stadt betreten. Den Fritigern wollte Lupicinus töten, doch der entkam und besiegte ihn. Das Grenzregime der Römer brach völlig zusammen.

Auch in früheren Zeiten, schreibt Ammianus, habe Rom schwerste Krisen wie die Invasion der Kimbern und Teutonen bewältigt. Nur war damals Rom „nicht durch die Verweichlichung eines zügellosen Lebens angesteckt", das Genuss „und verbrecherischen Gewinn" begehrte. Vorbei sei die Zeit, da die Römer „zum rühmlichen Tod

---

[9] Heather mutmaßt, dass Valens die Terwingen nur deshalb ins Land ließ, weil er dies nicht habe verhindern können. Warum hat er dann aber den Greutungen den Eintritt ins Römische Reich verwehrt? Wenn er meinte, die Terwingen nicht aufhalten zu können, dann wäre ihm dies bei den Greutungen ebenso wenig gelungen, denn jetzt standen Goten nördlich und südlich der Donau und jegliche Grenzverteidigung war erst recht erschwert.

fürs Vaterland" eilten (Ammianus, B 31). Auf diese zu oberflächliche Dekadenztheorie, die nicht erklärt, warum das Ostreich überlebte, wird noch einzugehen sein.

Rom habe seit alter Zeit, erinnert Peter Heather, Immigranten in seinen Staatsverband aufgenommen. Kaiser Nero siedelte beispielsweise 100 000 Personen, die ebenfalls von nördlich der Donau stammten, in Thrakien an. Derartiges sei aber stets in kontrollierter und gelenkter Form geschehen.

Man sollte hinzufügen, dass Integration nur funktionierte, wenn Römer besonders das Militär dominierten. Sonst entstand ein Ungleichgewicht, die Dinge liefen aus dem Ruder. Bereits *vor* 376 war dieser Punkt erreicht worden; die Invasion der Goten brachte das Fass zum Überlaufen.

Eine andere Schar Goten, die Sueridus befehligte, verstärkte Fritigerns rebellische Terwingen. Erstere siedelten bei Adrianopel und waren mit den Bürgern der Stadt in Konflikt geraten, als Valens den Goten befahl, in die Provinz Hellespont umzusiedeln. Stattdessen machten sie mit den Terwingen gemeinsame Sache; beide Gruppen belagerten, wenn auch vergeblich, Adrianopel. Lange hatten die Goten des Sueridus auf römischem Boden gesiedelt und Soldaten gestellt. Und doch unterstützten sie jetzt Fritigern!

Nahrungsmittel brachten die Römer in befestigte Städte, sodass die Goten weiter hungerten. Fritigern ließ nun „die fetten und fruchtbaren Landstriche" Thrakiens plündern und abweiden. Germanen, die versklavt unter Römern lebten, traten Fritigerns Goten bei, die fürchterliche Massaker

16

begingen. Waffenfähige römische Männer wurden erschlagen, deren „schöne Frauen" versklavt und weggebracht, fort von der „zu Asche verwandelten Heimat" (Ammianus, B 31).

3.1.3 Die Schlacht von Adrianopel

Indessen hatten die Hiobsbotschaften von der Donau Kaiser Valens erreicht. Zunächst musste er den Krieg im Osten rasch beenden, wollte er die Balkanfront stabilisieren. Mit den Persern schloss er Frieden und sandte einige Truppen unter Profuturus und Traianus auf die östliche Balkanhalbinsel. Den Westkaiser Gratian, der sein Neffe war, bat Valens um militärischen Beistand. Gratian schickte Soldaten, die anfangs Frigeridus, dann Richomeres unterstanden.

Profuturus und Traianus drängten die Terwingen ins Balkangebirge zurück. Nachdem sich Richomeres mit Profuturus und Traianus vereinigt hatte, kam es im Spätsommer 377 bei Ad Salices zu einem unentschiedenen Gefecht. Die Römer hinderten ihre Feinde daran, die Südpässe des Gebirges zu verlassen. Auf römischer Seite hoffte man, solange standzuhalten, bis Valens und Gratian die Hauptmasse ihrer Legionen heranführten. Valens sandte noch eine geringe Verstärkung, während Richomeres in Gallien weitere Truppen mobilisierte.

Sobald Hunnen (!) und Alanen das Gotenheer unterstützten, wichen die Römer zurück. Nun überfluteten Goten das thrakische Land und begingen „Raub und Mord, mit Blut, Brand und Vergewaltigung freier Menschen". Sie wurden „Glied für Glied zerfleischt" oder endeten „unter Schlägen und Folter als Sklaven" (Ammianus, B 31). Bei der Stadt

17

Dibaltum besiegten Goten Ende 377 eine Abteilung römischer Soldaten.

Gotische Horden kamen bis nahe Konstantinopel. Erst Araber, die in römischen Diensten standen, und deren barbarische Kriegsführung selbst die Goten erschreckte, hielten sie auf. Außerdem wurden Goten und mit ihnen verbündete Taifalen unweit des Succi-Passes von den Römern bezwungen.

Der Hauptteil des römischen Ostheeres erreichte im Frühjahr 378 Konstantinopel. Valens betrat Ende Mai die Stadt, deren Bewohner den Kaiser, der die Raub- und Mordzüge der Goten nicht verhinderte, wenig schätzten. Gratian und Valens hatten vereinbart, die Goten gemeinsam niederzuwerfen. Doch nun gab es Probleme am Rhein. Ein Alemanne, der Rom diente, hatte seinen Landsleuten berichtet, dass Gratian Truppen in den Osten entsandte.

Daraufhin plünderten Alemannen im Februar 378 am Oberrhein römisches Gebiet. Anfangs zurückgeschlagen, griffen sie erneut an. Nun rief Gratian die Valens geschickten Legionen zurück und bekämpfte die Alemannen.

Der Westkaiser sicherte erst die Rheinfront, bevor er Valens unterstützte. Mehrere Brände gleichzeitig löschen zu müssen, ist der Fluch jedes Großreiches. Der verräterische Alemanne entlarvte die Unzuverlässigkeit vieler Söldner germanischer Herkunft. Langfristig gelang es nicht, Germanen durch Germanen niederzuhalten, wenn die Zahl römischer Soldaten sank.

Vorerst kam Gratian nicht in den Osten, sodass Valens, der bei Melanthias Truppen inspizierte, in Bedrängnis geriet. Sollte er Gratians Ankunft abwarten?

Dann verheerten gotische Banden die Gegend bei Adrianopel. Geleitet von Sebastianus, der Traianus abgelöst hatte, brachten die Römer diesen Streifscharen aus dem Hinterhalt eine Niederlage bei. Jetzt versammelte Fritigern nördlich von Adrianopel die gotischen Krieger.

Valens konzentrierte seine Legionen im Süden der Stadt; noch immer kam Gratian nicht. Endlich erfuhr Valens, dass Gratian, der die Alemannen besiegt hatte, Adrianopel rasch näher rückte.

Gratians Siege machten Valens neidisch. Den Ostkaiser ermahnte Gratian, die Goten nicht allein anzugreifen. Doch Sebastianus drängte Valens, die Goten sofort niederzuwerfen. Andere Generäle schlugen klugerweise vor, nichts ohne Gratian zu tun, weil die Goten nur vereint zu schlagen seien.

Zuletzt glaubte Valens Höflingen, die schmeichlerisch behaupteten, dass er den Siegesruhm ungeteilt ernten werde. Valens missachtete das Wohl des Ganzen und riskierte eine verheerende Niederlage.

Fritigerns Gesuch, die Terwingen und Greutungen in Thrakien anzusiedeln, wies der Kaiser zurück. Irrtümlich vermutete er, dass ihm nur 10 000 gotische Krieger entgegenstünden. Am 9. August 378 marschierten die Truppen des Valens zum Lager des Feindes.

In Sichtweite der kreisrunden gotischen Wagenburg entfaltete sich das römische Heer. Beauftragte der Goten gewannen Zeit, indem sie Scheinverhandlungen führten; die Kavallerie der Greutungen sollte das Schlachtfeld vor dem Beginn des Kampfes erreichen. Valens, der es eben noch eilig hatte, vertat kostbare Stunden, und die gotischen Reiter trafen rechtzeitig ein. Ammian nennt Valens einen „Zauderer und trägen Menschen", der von Strategie nichts verstand (Ammianus, B 31).

Das lange Warten zermürbte Valens` Soldaten. Noch bevor die Verhandlungen endeten, stieß der linke römische Flügel unerwartet vor, den aber die greutungische Kavallerie überrannte. Umzingelte römische Fußtruppen waren bewegungsunfähig; ein wilder Kampf entbrannte. Rasch bedeckten „sich die Gefilde mit Leichen an Leichen, und die Klagerufe der Sterbenden und Versehrten hörten sich grauenvoll an" (Ammianus, B 31).

Zertrümmert war das oströmische Heer. Die Soldaten des Valens ergriffen die Flucht und wurden gejagt. Der Kaiser floh in ein Bauernhaus, das Goten in Brand setzten. Sein Leichnam wurde nie gefunden; auch Sebastianus und Traianus fielen in der Schlacht. Der gesamte Balkan bis Konstantinopel stand den Goten offen.

Zwei Drittel der Soldaten, die Valens kommandierte, etwa 10 000 Mann, starben in einer Schlacht, die Ammian mit Cannae verglich. Dennoch sollte man ihre Bedeutung nicht zu hoch veranschlagen. Edward Gibbon hat festgestellt, dass Rom solche Verluste wettmachen konnte. Das römische Heer zählte einige hunderttausend Soldaten - 10

000 Gefallene waren zu verkraften [10]. Insgesamt vermochten die Goten nur wenige zehntausend Mann ins Feld zu schicken.

Etwa 60-70 Millionen Menschen lebten im Römischen Reich, das zahlreiche Waffenarsenale und Rüstungsmanufakturen besaß, ein gewaltiger Vorsprung an Menschen und Material. Gut befestigte Städte eroberten die Germanen selten; römische Soldaten wurden auch besser ernährt als die oft ausgehungerten Goten. Dass Rom zwangsläufig einer germanischen Übermacht erlegen sei, ist eine oft vertretene und doch unhaltbare These.

Das *eigentliche* Problem liegt woanders. Auch die besten Bedingungen fruchteten nur dann, wenn man sie nutzen *will*. Ein gotischer Offizier sagte kurz nach der Schlacht von Adrianopel, dass er „des Gemetzels müde sei, dass er aber staune, wie ein Volk, das vor ihm wie eine Herde Schafe geflohen wäre, es fortwährend wagen könnte, den Besitz seiner Schätze und Provinzen streitig zu machen" (zit. nach E. Gibbon, Bd. 4). Im Klartext hieß das: `Wir Goten sind gekommen, euch schwachen Römern alles wegzunehmen. Wollt ihr uns daran hindern, schlagen wir euch tot`. Eben das taten sie dann auch.

Das kleine Volk der Vandalen demontierte binnen weniger Jahrzehnte des 5. Jahrhunderts fast das halbe weströmische Reich. Der Kampfmoral von 15 000 vandalischen Kriegern und Seefahrern hatten Millionen Weströmer nichts entgegenzusetzen. Sogar ihre Schiffe, mit denen die Vandalen durch das Mittelmeer kreuzten, hatten sie den

---

[10] Auch P. Heather schreibt, dass sich Ostrom von der Niederlage bei Adrianopel rasch erholte.

Römern abgejagt. Das Geistig-Seelische bestimmt den Ablauf der menschlichen Dinge.

Daher lautet die Frage, ob die (Ost)römer die Niederlage von Adrianopel mental überwanden und die richtigen Schlussfolgerungen ableiteten, wie es ihre Vorfahren nach Cannae getan hatten.

3.2 Das Ende des Gotenkrieges

Ungehindert durchzogen Fritigerns Goten die Balkanhalbinsel, plünderten und massakrierten. Gratian ernannte im Januar 379 den erfahrenen spanischen Militär Flavius Theodosius zum Kaiser des Ostens. Theodosius erhielt auch die von Goten gefährdeten Diözesen Dakien und Makedonien zugesprochen; beide Gebiete hatten bisher zum Westreich gehört.

Theodosius I. sollte Valens rächen, die Goten schlagen und des Reiches Autorität wiederherstellen. Zunächst verbesserte er das römische Heer, rekrutierte neue Soldaten und berief Veteranen ein, disziplinierte die Truppe und stärkte ihr Selbstvertrauen. Nahe befestigter Plätze bezwangen die Römer vereinzelte Scharen der Goten. In einer Lobpreisung des Theodosius hieß es, dass man ihm zutraue, die gotische „Feuersbrunst löschen zu können". Denn nun „fassen wieder die Reiter, fassen wieder die Fußsoldaten Mut" (zit. nach P. Heather, Der Untergang).

Günstige Umstände kamen den Römern entgegen. 380 trennten sich die Greutungen von den Terwingen und zogen fort. Bei den Goten gab es Konflikte, die Rom geschickt anheizte. Manche Goten liefen zu den Römern über; der kluge Fritigern starb.

Aber das eigentliche Ziel, die Goten entscheidend zu besiegen, verfehlte Theodosius. Um die Jahresmitte 380 unterlag er dem Feind in Makedonien. Auf Bitten des Ostkaisers entsandte Gratian seine germanischen Generäle Bauto und Arbogast; sie vertrieben gotische Marodeure aus Thessalien und Makedonien.

Nun versuchte Theodosius, die Krise diplomatisch zu lösen. Der Gotenfürst Athanarich leitete nach Fritigerns Tod die meisten Terwingen. Athanarich und Theodosius schlossen Frieden und vereinbarten einen Bündnisvertrag. Der Kaiser lud den Goten im Januar 381 sogar in das glanzvolle Konstantinopel ein, wo der tief beeindruckte Athanarich sagte: „Wahrlich, der Imperator ist ein Gott auf Erden, und wer gegen ihn die Hand erhebt, wird dem Tod verfallen" (zit. nach E. Gibbon, Bd. 4).

Wenige Tage später starb Athanarich; ihm wurde in Konstantinopel ein Denkmal errichtet. Das terwingische Heer war nun mit Theodosius verbündet; im Oktober 381 erneuerten beide Seiten dieses Abkommen.

Schließlich wurde 382 ein Friedensvertrag ausgehandelt, der den Gotenkrieg beendete. Die Terwingen durften südlich der Donau siedeln und autonom leben. Formal bildeten sie kein unabhängiges Königreich und hatten Ostrom Soldaten zu stellen. Erstmals siedelte eine geschlossene Volksgruppe legal und halb souverän innerhalb des Reiches.

Früher wurden Einwanderer stets zu römischen Bedingungen und weit verstreut angesetzt. Jahrhundertelang hatte Rom auf diese Weise fremde Gruppen integriert. Nun verkehrten sich die Dinge ins Gegenteil: das Reich zerfiel.

Theodosius feierte den Friedensvertrag wie einen Sieg; andere sahen in ihm eine große Schmach. De facto hatte der Kaiser kapituliert und nur einen Waffenstillstand erreicht. Immer dringlicher war zu klären, ob Germanen oder Römer herrschen würden.

Im Heer, dem Schlüssel zur Macht, besetzten Germanen wichtige Ämter und vergrößerten ihren Einfluss. Laut Gibbon lernten die kampflustigen Nordmänner Roms Heeresdisziplin kennen und wurden doppelt gefährlich. Rom nährte die Schlange an der Brust; meistens vertraten die angesiedelten Fremden ihre eigenen Interessen. „Während das zweifelhafte Schwert der Barbaren" den Staat „beschützte oder bedrohte, erloschen in den Herzen der Römer auch die letzten Funken des kriegerischen Feuers" (E. Gibbon, Bd. 4).

Theodosius, der hoffte mochte, Germanen durch Germanen zu bekämpfen, balancierte auf einem schwankenden Seil. Römische und germanische Heeresteile misstrauten einander. Tiefe und langfristige Änderungen des römischen Denkens waren der Krise vorausgegangen [11].

---

[11] Vgl. unten Kap. 7. Dass „sozialökonomische Strukturen" diesen Wandel wesentlich herbeigeführt hätten, wie Alexander Demandt behauptet, kann nicht stimmen, weil das oströmische Reich die Germanen abwehrte (vgl. Kap. 7.3.1). Unglaubwürdig erscheint ebenso Demandts These, wonach Ostrom seine Rettung auch dem Balkangebirge zu verdanken habe. Erstens durchzogen gotische Stämme das Balkangebirge mehrfach, zweitens waren die Alpen das wesentlich größere geografische Hindernis, verhinderten aber den Untergang Westroms nicht.

An der Donau bezwang 386 ein General des Theodosius Greutungen und andere Völkerschaften. Manche der geschlagenen Feinde ließ Theodosius in Phrygien siedeln; später bereiteten sie große Probleme [12].

4. Theodosius I. – die scheinbare Stabilisierung

4.1 Ausschaltung der Usurpatoren

In Westrom bekam es Theodosius mit zwei Usurpatoren zu tun. 383 rebellierte in Britannien der zum Kaiser ausgerufene Heerführer Magnus Maximus, der auch Gallien dominierte, das Gratian vernachlässigt hatte und dessen Soldaten, die der fränkische Heermeister Merobaudes befehligte, vielfach zu Maximus überliefen. Bei Lyon wurde Gratian im August 383 enthauptet.

Notgedrungen anerkannte Theodosius 384 Maximus als Mitkaiser neben Gratians jüngerem Bruder Valentinian II. Außer Britannien regierte Maximus ebenso Gallien und Spanien, Valentinian beherrschte Italien, Afrika und das westliche Illyrien.

387 ging Maximus siegreich in Italien gegen Valentinian vor, der Theodosius um Hilfe bat, die ihm der Ostkaiser gewährte, obgleich Maximus wie er selbst Katholik war und Valentinian den Arianismus bevorzugte. Vermutlich fürchtete Theodosius, der Valentinians Schwester Galla heiratete, die Kriegstüchtigkeit des Maximus. Der unerfahrene Jüngling Valentinian stellte keine Bedrohung dar. Theodosius schlug Maximus 388 in zwei Schlachten; der Usurpator wurde hingerichtet.

---

[12] Vgl. unten Kap. 5.1.3

Dann geriet Kaiser Valentinian in die Abhängigkeit des fränkischen Heermeisters Arbogast. Valentinian ließ er im Mai 392 ermorden oder trieb ihn in die Selbsttötung. Zum Nachfolger bestimmte Arbogast einen Höfling namens Eugenius, der vergebens um die Anerkennung des Theodosius warb. Zwar gehörte Eugenius dem christlichen Glauben an, kooperierte aber mit heidnischen Senatoren und verschaffte Nichtchristen religiöse Bewegungsfreiheit. Virius Flavianus, Italiens heidnischer Präfekt, befahl den Christen, geraubtes Tempelgut herauszugeben.

Theodosius reagierte empört und ernannte 393 seinen jüngeren Sohn Honorius zum Augustus des Westens. Schon 383 hatte er den älteren Arcadius zum künftigen Ostkaiser bestimmt. Das Heer des Theodosius, in dem mehrheitlich Goten dienten, bezwang 394 am Frigidus die großenteils fränkischen Soldaten des Arbogast. Der Heermeister und Eugenius starben und das Römische Reich war bis zum Tod des Theodosius 395 vereint. Der Kaiser und seine Legionen blieben im Westen, um die dortigen Verhältnisse zu ordnen.

4.2 Die Religionspolitik des Theodosius

Die Zeit des Eugenius gilt als letztes Aufbäumen des geschwächten Heidentums. In der Schlacht am Frigidus erwarteten Arbogasts Soldaten religiösen Beistand seitens heidnischer Götter.

Radikal bekämpfte Theodosius das Heidentum und die im Osten stark vertretenen Arianer. Als erster römischer Kaiser lehnte er den Titel „Pontifex Maximus" ab. Ende Februar 380 erließen Theodosius, Gratian und Valentinian II. in Thessalonike ein fundamentales Religionsedikt: jeder Römer sei verpflichtet, das katholische Christentum anzunehmen. Zivilrechtliche Beschränkungen wurden 381/83 zum heidnischen Glauben zurückgekehrten Christen auferlegt.

In Rom ließ Gratian den Altar der Siegesgöttin endgültig aus der Senatskurie entfernen. Heidnische Senatoren versuchten später, diesen symbolisch wichtigen Akt rückgängig zu machen, scheiterten jedoch an der Widerrede des Mailänder Bischofs Ambrosius [13].

Nichtchristliche Kulte unterdrückte Gratian; er enteignete Grund und Boden der heidnischen Tempel. Theodosius verbot 391/92 gesetzlich die Ausübung der heidnischen Religion in jeglicher Form.

Kaum herrschte der Katholizismus, verfolgte die Kirche sogenannte Ketzer, worunter besonders die Arianer schwer litten. In dem Edikt von 380 hieß es: „Wir befehlen, dass diejenigen, welche dies Gesetz befolgen, den Namen `katholische Christen` annehmen sollen; die übrigen dagegen, welche wir für toll und wahnsinnig erklären, haben die Schande zu tragen, Ketzer zu heißen ... Sie müssen zuerst von der göttlichen Rache getroffen werden, sodann auch von der Strafe unseres Zorns".

425 erneuerten und verschärften Theodosius II. und Valentinian III. die zitierten Bestimmungen. Christliche Tyrannis und Weltflucht verdunkelten und ruinierten das Altertum.

---

[13] Vgl. unten Kap. 7.1

Auch der Hass, den Christen gegen Juden hegten, verkündete das Mittelalter. 388 wurde die Synagoge der Stadt Kallinikon zerstört, die wiederaufzubauen Theodosius befahl, der jedoch auf Geheiß des Ambrosius seine Verfügung zurücknahm und tief das Haupt vor dem Priester beugte [14]. Ambrosius eröffnete eine von Päpsten wie Gregor VII. fortgesetzte historische Kontinuität.

5. Der Kampf um Konstantinopel

5.1 Zweiter Aufstand der Goten

5.1.1 Alarich

Seit 382 lebten in Thrakien hunderttausende „foederati" genannte Goten; vorerst erhoben sie niemanden zum König. Greutungen und Terwingen vereinigten sich wieder. Viele Goten dienten im Heer des Theodosius; manche lebten in Konstantinopel.

Unter den Goten gab es eine Friedenspartei, welche mit den Römern kooperierte und eine starke Gruppierung, die das ablehnte. Letztere führte Eriulf, den jedoch Fravitta, der zur anderen Partei gehörte, in Konstantinopel ermordete. Theodosius nutzte diese Streitigkeiten und gab Fravitta, der auch Staatsämter bekleidete, eine Römerin zur Frau. Aber der Kaiser bewältigte die latente Staatskrise

---

[14] Vgl. unten Kap. 7.2. Ambrosius nötigte dem Kaiser 390 sogar eine öffentliche Buße auf, weil er ihn für den Tod zahlreicher Einwohner der Stadt Thessalonike verantwortlich machte. Erfolgreich widersetzte sich der Mailänder Bischof auch dem Ansinnen Valentinians II., einen arianischen Gottesdienst abzuhalten (vgl. unten Kap. 7.2).

nicht; der geringste Anlass brachte das Kartenhaus in Gefahr.

Der etwa 372 geborene Alarich diente ebenfalls im oströmischen Militär und stammte aus der Adelsgruppe der Balten. In der Schlacht am Frigidus leitete Alarich eine große Zahl gotischer Kämpfer. An der Vereinigung von Terwingen und Teilen der Greutungen zum Volk der Westgoten war er maßgeblich beteiligt [15].

Die Goten schmerzten ihre großen, am Frigidus erlittenen Verluste. Als Theodosius, den viele Goten zu schätzen wussten, Anfang 395 in Mailand starb, wuchs der Unwille.

Das nun dauerhaft geteilte Römische Reich unterstand den schwachen Söhnen des toten Kaisers. Nie wieder zog ein römischer Kaiser in eine Schlacht; den germanischen Heermeistern kam diese Abstinenz gelegen. Am Hof des Arkadius rivalisierten Gruppierungen, die wie die Goten in eine Friedens- und Kriegspartei zerfielen. Die `Germanenfrage` beherrschte das gesamte oströmische Staatsleben.

Den Anstoß oder Vorwand zum Aufstand der Westgoten gab der kaiserliche Hof. Gelder, die man den Goten zugesagte hatte, reduzierte der Kaiser und lehnte es ab, Alarich zum Heermeister zu ernennen.

---

[15] Die Ethnogenese der Ostgoten wurde nach heutiger Auffassung erst Jahrzehnte später abgeschlossen.

5.1.2 Ostrom in größter Gefahr

Sogleich ergriffen Alarichs Goten die Waffen, öffneten germanischen Zuwanderern die Donaugrenze, plünderten bis dicht vor Konstantinopel. Weil er die stark befestigte Metropole nicht erobern konnte, zog Alarich nach Makedonien und Griechenland. Statt sich ihm bei den Thermopylen in den Weg zu stellen, flüchteten die römischen Truppen. Regelmäßig haben Goten die waffenfähigen römischen Männer niedergemetzelt „und die schönen Frauen samt der Beute hinweggetrieben" (E. Gibbon, Bd. 4). Etwa zur gleichen Zeit bedrängten Hunnen vom Kaukasus her das Reich.

Ostrom war zutiefst gefährdet. Der Großteil seiner Truppen stand noch in Italien und folgte dem Kommando des Heermeisters Flavius Stilicho, Sohn eines Vandalen und einer römischen Mutter, den Theodosius zum Vormund des Honorius bestimmt hatte.

Ob auch Arcadius Stilicho unterstellt war, wie der Heermeister behauptete, ist eher unwahrscheinlich. Aber Stilicho hatte seine Laufbahn im Osten begonnen und wollte das gesamte Imperium beherrschen. Flavius Rufinus, der das Ostreich regierte, misstraute Stilicho.

Der in Konstantinopel verhasste Rufinus trug germanische Kleidung, wenn er den Goten schmeichelte. Rufinus machte Alarich Zugeständnisse, um Stilicho daran zu hindern, ihn abzusetzen. Alarich lieferte er Griechenland aus und ernannte ihn zum Magister Militum für Illyrien. West- und Ostrom stritten um die östliche Hälfte Illyriens, die der Gote dem Osten eingliedern sollte.

Zosimos glaubt, dass Rufinus, der seine Tochter mit Arcadius verheiratet hatte, die Plünderung Griechenlands erfreute, weil ihn solche Not auf den Kaiserthron bringen würde. Stilicho gedachte mit Alarichs Hilfe die Hoheit über das Ostreich zu erlangen.

Auch wegen Illyrien marschierte Stilicho 396 in Griechenland ein; er umstellte die Wagenburg der Goten. Aber Stilicho griff sie nicht an, sondern gestattete Alarich, nach Epirus abzuziehen und seine Beute zu behalten. Erpresserisch wollte der Heermeister abwarten, bis Arcadius ihn zum Gebieter des Ostreiches ernannte.

Doch Arcadius befahl ihm, alle oströmischen Truppen freizustellen, die ein anderer Feldherr kommandieren sollte, der entschlossen sei, die Goten zu schlagen. Stilicho gehorchte und kehrte ins heimatliche Italien zurück.

Arkadius und Rufinus handelten richtig, wenn auch die Goten weiter plünderten und vier griechische Waffenfabriken zwangen, Schwerter und Speere für ihr Heer anzufertigen. Die Rüstungsschmieden stellten eine wichtige römische Trumpfkarte dar! Alarich erhoben die Westgoten zum König und proklamierten damit auf römischem Gebiet ihre Unabhängigkeit.

5.1.3 Eutrop und das Scheitern des Appeasement

Im oströmischen Heer, das zurückgekehrt war, diente der gotische Offizier Gainas, den wahrscheinlich Stilicho beauftragt hatte, Rufinus umzubringen. Ende 395 töteten Soldaten des Gainas Rufinus in der Öffentlichkeit, während Kaiser Arcadius direkt neben ihm stand.

Jetzt übernahm der Eunuch und ehemalige Sklave Eutropius, der bereits mit Stilicho gegen Rufinus konspiriert hatte, als Konsul die Regierung. Auf seine Initiative heiratete Arcadius Aelia Eudokia, die Tochter des fränkischen Heermeisters Bauto, die Eutrop unterstützte. Arcadius ergebene Generäle schickte der Eunuch in die Verbannung.

Eutrop bat Stilicho, dem bedrängten Ostreich beizustehen. Immer noch verwüsteten Alarichs Goten, die brandschatzten und versklavten, das leidgeprüfte Griechenland. Anfang 397 versuchte Stilicho erfolglos, die Westgoten zu unterwerfen; eigene Truppen plünderten ebenfalls griechisches Land.

Da auch Hunnen das Ostreich angriffen, verhandelte Eutrop mit Alarich, der eine Niederlage gegen die einheimische Bevölkerung erlitten hatte [16]. Noch 397 ernannte Eutrop den Alarich (wieder) zum Magister Militum für Illyrien; der oströmische Staat musste Alarichs Truppen verpflegen und bewaffnen. Eutrops Beschwichtigungspolitik stieß auf innerrömische Opposition.

Gegen Stilicho unterstützte Eutrop den aufständischen Militärbefehlshaber in Nordafrika namens Gildo. Ende 397 schloss sich Gildo dem Osten an und gefährdete Roms Getreideversorgung. Aber Gildos Bruder Masceldelus besiegte ihn; die Provinz Afrika gehörte wieder dem Westen. Stilicho beneidete Masceldelus wegen seines Erfolges und ermordete ihn heimtückisch.

---

[16] Dass Provinzrömer Germanen bekämpften, ist höchst bedeutsam!

Die Krise verschärfte Tribigild, der jenen Goten ange-
hörte, die Theodosius 386 an der Donau geschlagen hatte.
Tribigild kämpfte im Ostheer gegen die Hunnen und fühlte
sich zu wenig belohnt. Daran gab er Eutrop die Schuld und
ließ Phrygien plündern. Römer wurden ermordet, gotische
Sklaven befreit, die Tribigild seiner Streitmacht hinzu-
fügte. Möglicherweise erstrebte er den gleichen Status,
wie ihn Alarich genoss. Eutrop vermochte Tribigild nicht
zu besänftigen.

Nun mobilisierte der Eunuch zwei Heere, eines bei Konstantinopel stationiert, das Gainas befehligte, der Tribigild
daran hindern sollte, die Hauptstadt zu bedrohen, das andere vom Feldherrn Leo kommandierte in Kleinasien.

Tribigild verheerte zunächst Kleinasien, aber Provinzrömer schlugen die Goten vernichtend. Leos germanische
Soldaten liefen jedoch zu Tribigild über und entwerteten
diesen Erfolg. Ebenso wechselten Soldaten, die Gainas
dem Leo gesandt hatte, die Fahne. Leos Restheer wurde
zertrümmert, und Gainas wagte es nicht, Tribigild anzugreifen, weil auch ihm fast nur unzuverlässige Germanen
unterstanden. Noch dazu waren Gainas und Tribigild mit-
einander verwandt. Die alte Taktik der Römer, Germanen
gegen Germanen kämpfen zu lassen, scheiterte völlig.

Es kam noch weit schlimmer! Gainas glaubte, berichtet
Zosimos, dass ihn Eutrop geringschätzte; ohnehin gönnte
er dem Eunuchen sein hohes Amt nicht. Anfangs unterstützte Gainas den Tribigild heimlich, dann offen und vergrößerte die Staatsnot ins Unermessliche.

In Kleinasien verstärkte Gainas Tribigilds Horden; die
Verratsthese des Zosimos erscheint glaubwürdig. Tri-

bigilds Macht nutzte Gainas und setzte die oströmischen Senatoren unter Druck. Eutrop sei zu entfernen, behauptete Gainas, weil er Tribigild beleidigt und das Unglück heraufbeschworen habe. Die Politik der Verständigung, die Rufinus und Eutrop angewandt hatten, endete katastrophal.

Zumal auch Perser das Reich bedrohten, bettelte Eutrop wieder bei Stilicho um Hilfe. Westrom erlebte damals eine Phase relativer Sicherheit; am Rhein wie auch in Britannien funktionierte der Grenzschutz halbwegs. Stilicho wollte allerdings nur dann Beistand leisten, wenn zuvor der Eunuch ausgeschaltet wurde, der gegen ihn in Afrika vorgegangen sei.

Arcadius, schwach und ängstlich, gehorchte Gainas ebenso wie Stilicho. Gedrängt auch von Eudokia, lieferte er seinen engsten Berater Eutrop dem Henker aus. Ende 399 wurde der Eunuch hingerichtet.

Alarich, Gainas und Tribigild dominierten Ostrom; in Italien wartete der Halbvandale Stilicho darauf, Konstantinopel zu unterwerfen. Bald schon beanspruchte Gainas das Oberkommando über alle oströmischen Soldaten! 23 Jahre waren seit dem Donauübergang der Goten vergangen; nun hatten sie das Ziel beinahe erreicht.

5.2 Triumpf der antigermanischen Opposition

5.2.1 Die Brandrede des Synesios von Kyrene

Erst einmal war die schicksalhafte Frage zu klären, wer die Nachfolge des Konsuls Eutrop antreten sollte. Zur Debatte standen Aurelian, ehemaliger Stadtpräfekt, der die Germanen scharf kritisierte, und sein Bruder Caesarius, den das Volk hasste und schmähte, weil er die Forderungen der Goten billigte. In Konstantinopel ging es um Sein oder Nichtsein. Genau jetzt kam ein Freund des Aurelian, Synesios von Kyrene (ca. 370-414), Philosoph und Schriftsteller, der vermutlich noch Heide war, an den kaiserlichen Hof.

Dort hielt Synesios etwa um die Jahreswende 399/400 einen legendären Vortrag, der als „Königsrede" in die Geschichtsbücher einging [17].

Synesios erläuterte Arcadius, wie ein guter Monarch in der Stunde der Not zu agieren habe. Die Mühen und Leiden seiner Untertanen muss er teilen und das Wohlleben verschmähen. Der tüchtige Kaiser sorge für Gerechtigkeit, Tapferkeit und Besonnenheit. Nur der Tyrann macht das eigene falsche Verhalten zum Gesetz. Zu warnen sei Arcadius, der oberflächlichen Genüssen huldige und einer Molluske ähnle, vor Schmeichlern und Hofschranzen.

---

[17] Vgl. den Inhalt der Rede bei Grützmacher, Synesios. Umstritten ist, ob der überlieferte Wortlaut völlig mit der Ansprache übereinstimmte, die Synesios am Kaiserhof hielt. Es wird aber davon ausgegangen, dass zumindest die wesentlichen Textpassagen identisch sind.

In alter Zeit führten die Kaiser, „geschwärzt von der Sonne, einfach in der Tracht", ihre Heere in den Krieg. Seit jedoch Goten die Donau überquerten, weichen die Römer erschrocken vor ihnen zurück, die sogar noch „Lohn" fordern, „damit sie Frieden halten".

Wolle ein Kaiser das Vertrauen der Soldaten erlangen, müsse er bei ihnen leben, an den Übungen teilnehmen und Waffen gebrauchen können. Nur so gewinne er die „lebendige Freundschaft" der Soldaten und entfache ihren Kampfgeist, ohne den keine Schlacht zu gewinnen sei.

Aber nur römische Truppen verdienten Anerkennung, nur sie beschützten die Einheimischen zuverlässig. Die Wächter des Staates gleichen treuen Hunden, unter die man keine germanischen Wölfe mischen dürfe, die Hunde und Hirten angreifen, sobald diese „Schwäche zeigen". Der Versuch, Germanen und Römer zu verbünden, war Synesios zufolge missglückt.

Wie der Arzt Fremdkörper aus dem Leib des erkrankten Patienten entfernt, möge auch der Staatsmann handeln. Wenn im Staat die Bewaffneten (das männliche Element) und die Waffenlosen (das weibliche Element) unterschiedlichen Stammes seien, werden Erstere die Letzteren unterjochen. Besonders der im römischen Auftrag errungenen Siege der Germanen habe man sich zu schämen. „Ehe man duldet, dass diese Skythen [= Westgoten] hier im Land in Waffen einhergehen, sollte man alles Volk der Römer zu Schwert und Lanze rufen".

Schändlich sei es, dass die volkreichen Römer Fremden den Kriegsruhm überlassen. Hier berührte Synesios einen besonders wichtigen Gesichtspunkt. Weshalb erstarrte eine Bevölkerung, der Millionen Menschen angehörten, die gefüllte Waffenarsenale, gute Rüstungsschmieden und Werften besaß, eine intakte Landwirtschaft geschaffen und zahlreiche Straßen gebaut hatte, vor einigen hunderttausend Germanen und sah tatenlos zu, wie Invasoren ganze Regionen verheerten, deren Einwohner töteten oder versklavten? Synesios erkannte die Ursache im Niedergang des alten Römergeistes. Es bleibt zu klären, warum es dazu kam und wieso Ost und West unterschiedliche Wege gingen.

Die Germanen, klagte Synesios, verachteten die Sitten der Römer auch dann, wenn sie aus taktischen Gründen in der Senatskurie die Toga trugen. Sie verspotteten die Toga, weil diese sie daran hindere, das Schwert zu ziehen.

In Pelze gekleidete, eigentlich zum Sklavendasein bestimmte Germanen kommandierten römische Soldaten, erteilten der Staatsführung Ratschläge oder Anweisungen und stiegen zur neuen Obrigkeit auf. Kein Römer dürfe sich mit Barbaren gemein machen. Der kleinste Vorwand genüge den Goten und sie ergreifen endgültig die Macht. Dann müssten Ungeübte gegen Erfahrene kämpfen. Außerdem befürchtete Synesios, dass gotische Sklaven, die in römischen Haushalten lebten, Gainas zulaufen werden. Der Staat sei einer tödlichen Gefahr ausgeliefert.

Alles hänge davon ab, dass der unheilvolle Einfluss der Goten im Heer gebrochen wird. Sie müssten das Militär verlassen und Römer sollen zum Waffendienst einberufen werden. Aber nicht nur Bauern seien zu rekrutieren. „Wir müssen den Philosophen aus seiner Studierstube, den Handwerker aus seiner Werkstatt aufstehen heißen, wir müssen den Kaufmann aus seinem Laden" und die Müßiggänger aus dem Theater holen, damit „die Römer ihre eigenen Kräfte zeigen". Dieses leidenschaftlich vorgetragene Programm der Wehrhaftmachung entsprach den Vorstellungen Aurelians.

Des Theodosius falsche Großmut, der die Goten aufnahm, ihnen Heeresposten und das Bürgerrecht verschaffte, der den „Erbfeinden" sogar römischen Boden aushändigte, belohnten sie mit Undank. Jetzt gebe es nur zwei Möglichkeiten. Entweder müsse man die Germanen wie messenische Heloten behandeln oder sie über die Donau zurückwerfen. Ihren Stammesgenossen werden sie melden, dass bei den Römern nicht mehr die Milde herrscht, sondern ein junger und edler Held an der Spitze steht.

Synesios repräsentierte Denkweisen des oströmischen Christentums; es enthielt realistisch-heidnische und antike Prinzipien. Nicht zufällig verehrte Synesios später auch als Christ die neuplatonische Philosophin Hypathia, welche heidnische Bildung und Wissenschaft pflegte und die katholische Fanatiker grausam ermordeten.

Der Byzantinist R.-J. Lilie betont, dass die christliche Konfession des Ostens „heidnische Elemente beibehielt", deren „Kenntnis als unerlässliche Probe" galt, wenn jemand die Aufnahme ins orthodoxe Christentum begehrte. Der große Unterschied zwischen byzantinischen und katholisch-abendländischen Christen wird noch systematisch zu erörtern sein [18].

---

[18] Vgl. unten Kap. 7.3

5.2.2 Die Niederwerfung der Goten in Konstantinopel

Die patriotische Rompartei, durch Synesios angefeuert, errang einen wichtigen Sieg; zum neuen Konsul wurde Aurelian bestimmt. Auch gab es eine tief verwurzelte, antigermanische Strömung im Provinzvolk, das Alarich und Tribigild die erwähnten Niederlagen beibrachte. Schon 390 hatte die Bevölkerung von Thessalonike einen germanischen Offizier getötet. Theodosius beantwortete diesen Aufruhr mit einem Massaker an den Stadtbürgern.

Weil Eudoxia das Römertum unterstützte, ernannte Aurelian sie zur kaiserlichen Mitregentin und berief gemäß dem Programm, das Synesios verkündet hatte, Römer ins Heer ein, die auszubilden und zu bewaffnen freilich Zeit benötigte. Ostrom zahlte Alarich keine Tribute mehr; der Gotenkönig plünderte nun Illyrien.

Gainas, den man beschuldigte, Tribigild unterstützt zu haben, wurde ein Prozess angedroht. Daraufhin beschlossen Gainas und Tribigild, in Kleinasien zu marodieren. Wieder sank Arcadius auf die Knie und verhandelte mit Gainas bei Chalcedon wie mit einem ebenbürtigen Herrscher [19]. Gainas verlangte den Oberbefehl über das oströmische Heer und die Auslieferung der antigermanischen Frondeure. Arcadius billigte diese Forderungen, die einem Staatsstreich gleichkamen.

So verschärfte sich die Lage im Juli 400 dramatisch. Aurelian und zwei andere Römer wurden in das Lager des Gainas gebracht, der Aurelian in die Verbannung schickte

---

[19] Zuvor hatte Gainas Chalcedon erobert und Tribigild Gebiete um Lampsakos besetzt (Zosimos, Neue Geschichte).

und durch Caesarius ersetzte. Gainas und Tribigild räumten Kleinasien; die Goten zogen in Konstantinopel ein, das die meisten römischen Soldaten verließen. Ostrom, gefangen im harten Griff der Germanen, schien zu kollabieren.

Die Entscheidung nahte, als Gainas forderte, den arianischen Goten eine Kirche der Stadt zu übergeben. Der Kaiser, den Caesarius beriet, stimmte zu, aber Konstantinopels Bischof Johannes Chrysostomos widersetzte sich Gainas, der einen taktischen Fehler beging und dem Bischof nachgab. Empörte Römer griffen Goten an; in den Straßen loderten Hass und Misstrauen. Die Römer fürchteten, dass auch Konstantinopel der Plünderung anheimfallen werde. Endgültig wollte Gainas, notiert Zosimos, die Macht ergreifen. Viele römische Zivilpersonen verschafften sich Waffen und bereiteten den Kampf vor.

Am 12. Juli 400 zündete ein Funke die Explosion; unfreiwillig brachte Gainas den Stein ins Rollen. Der gesundheitlich angeschlagene Gote verlor die Nerven und suchte Stärkung in einer außerhalb der Stadt gelegenen Kirche. Gotische Soldaten, die Gainas schützten, begleiteten ihn. In Konstantinopel verbliebene Goten argwöhnten, dass Gainas die Flucht ergreife und liefen mit Frau und Kind zu den Stadttoren. Seitens der Römer verdächtigte man die Goten, sich ihrer Familien entledigen zu wollen, um Konstantinopel ungehindert zu plündern [20].

---

[20] Zosimos (Neue Geschichte) schreibt, dass Gainas plante, die Stadt von außen her anzugreifen. Diese Behauptung klingt wenig plausibel. Warum hätte Gainas Konstantinopel verlassen sollen, wenn er in der Stadt die Macht zu übernehmen gedachte?

Bewaffnete römische Zivilisten liefen herbei; es kam zu blutigen Kämpfen. Manche Goten vereinigten sich mit Gainas, andere wurden aus der Stadt herausgedrängt. Eilig marschierte Gainas zurück, fand aber die Tore der Stadt geschlossen vor.

Noch etwa 7000 desorientierte Goten, die annahmen, dass römische Soldaten ihre Landsleute vertrieben hätten, befanden sich in Konstantinopel. Fälschlich hielten sie die Lage für aussichtslos und legten ihre Waffen nieder; wutentbrannt metzelten die Römer sie nieder. Überlebende Goten flüchteten in eine Kirche, die auf Weisung des Arcadius verbrannt wurde. Auch besetzten Römer die Mauern der Stadt und verteidigten sie erfolgreich gegen Angriffe auswärtiger Goten. Konstantinopel war „von der Gotengefahr befreit" (O. Seeck, Bd. 5) und gleichsam eine Minute vor Zwölf gerettet worden.

Gainas „wichtigstes Unternehmen" (Zosimos, Neue Geschichte) scheiterte katastrophal. Möglicherweise wollte sich der schwächliche Arcadius mit Gainas wieder aussöhnen. Doch die Bewohner der Stadt öffneten die Tore nicht. Ein neues römisches Heer wurde organisiert, das zunächst Fravitta leitete. Inzwischen plünderte Gainas, den römische Fahnenflüchtige unterstützen, Thrakien. Städte konnte er nicht einnehmen und beschloss, nach Kleinasien überzusetzen, woran ihn die römische Kriegsflotte hinderte, der die meisten Goten zum Opfer fielen.

Bald kehrte Gainas über die Donau zurück und ließ die wankelmütigen römischen Deserteure umbringen. Der Hunnenanführer Uldin besiegte Gainas Ende 400 in einer

Schlacht; sein Kopf wurde nach Konstantinopel gesandt und im Triumpf durch die Stadt getragen [21].

Aurelian kehrte aus der Verbannung zurück und übernahm erneut die Regierung. Der 401 geborene Kaisersohn Theodosius wurde zum Mitkaiser des Arcadius ernannt und sicherte den Bestand der Dynastie.

Konsequent wurde der zivile Hofstaat ausgebaut, sodass eine Usurpation, wie sie Gainas beabsichtigt hatte, kaum noch stattfinden konnte (M. Meier, Völkerwanderung). Wie dauerhaft die Rompatrioten gesiegt hatten, unterstrich das Todesurteil für den Goten Fravitta. Man beschuldigte ihn, die Truppen des Gainas nicht restlos vernichtet zu haben. Auch der `Kollaborateur` Caesarius kam vor Gericht. Zielstrebig entfernte Aurelian germanische Offiziere aus dem Heer. Künftig erhielten die Goten weder Getreide noch Waffen. Ostrom nutzte also weitere der oben erwähnten strategischen Vorteile.

Gainas und Tribigild waren niedergeworfen. Aurelian triumphierte, der Alarich keine Subsidien zahlte und die Vereinbarung, die der Gote mit Eutrop abgeschlossen hatte, für nichtig erklärte. Jegliche neue Verhandlungen lehnte Aurelian ab; standhaft nahm er die Plünderung Illyriens in Kauf. Sobald die Goten nichts mehr zu rauben vorfanden, brachen sie ihre Zelte ab und zogen westwärts. Alarich war gescheitert.

Mühsam und opferreich betrat Ostrom den Weg der Genesung. Trotz mancher Rückschläge bewältigte das Reich

---

[21] Das Schicksal Tribigilds ist nicht geklärt; vermutlich starb auch er 400.

auch die nächste große Herausforderung. 454 kamen die Ostgoten vom Hunnenjoch frei; bald gefährdeten sie Byzanz ähnlich wie einst Alarich und Gainas. Der alanische Heermeister und Konsul Aspar (400-471) stützte sich auf ostgotische Söldner und begehrte die Macht im Staat. Kaiser Leo I. ließ ihn 471 töten; deutlich ging der germanische Einfluss zurück. Auch der andere Gotenstamm vermochte Byzanz nicht zu unterwerfen und verließ in der Regierungszeit des Kaisers Zenon den Osten.

Römer besetzten die wesentlichen Offiziersstellen. Sofern auf Söldner zurückgegriffen wurde, traten sie nicht als Völkerschaften ins Heer ein, sondern vermengt mit römischen Truppen. Unter Kaiser Herakleios (reg. 610-641) bestand das oströmische Heer großenteils aus wehrdienstpflichtigen Römern.

Das regenerierte Byzanz eroberte im 6. Jahrhundert umfangreiche Teile Westroms. Die Niederwerfung der Goten in Konstantinopel 400 bedeutete eine tiefe historische Zäsur und ermöglichte den Wiederaufstieg des Ostreiches [22].

---

[22] Die unqualifizierte, 1983 geäußerte Behauptung des Alexander Demandt, dass den Ereignissen des Jahres 400 nur episodische Bedeutung zukomme, widerspricht den offenkundigsten Tatsachen und ist leicht zu entkräften.

6. Westrom erliegt den Germanen

6.1. Kampf um Italien

6.1.1 Alarichs erster Italienzug

Der von Synesios beschworene Römergeist rettete Byzanz vor dem Untergang. In den Jahren der Stabilisierung des Ostens ging Westrom gleichsam umgekehrt proportional zugrunde. Warum gelang dem Westreich die Abwehr der Germanen *nicht*?

Alarich verließ den Osten aufgrund des Sieges der antigermanischen Partei. 400/401 wanderten die Goten nach Italien ab, das von römischen Truppen entblößt war, die in Raetien Vandalen bekämpften. Die Westgoten benötigten Siedlungsland, erreichten im November 401 Aquileja und zogen dann plündernd und mordend durch Italien.

Das Westreich leitete der Heermeister Stilicho; schon sein Vater hatte in römischen Militärdiensten gestanden. Nach dem Sieg über Eugenius ernannte Theodosius den Stilicho zum Befehlshaber der weströmischen Truppen und gab ihm seine Nichte Serena zur Frau.

Deren gemeinsame Tochter Maria heiratete 398 Kaiser Honorius, sodass Stilicho dem Thron näher kam. Dennoch lag ihm der Gedanke, den Kaiser zu beerben, wohl eher fern. Als Theodosius 395 starb, beanspruchte der Heermeister die Oberhoheit auch über den Osten. Seit Aurelian in Konstantinopel regierte, verschlechterte sich Stilichos Beziehung zum Ostreich endgültig.

Taktisch war Stilicho höchst flexibel; manchmal bekämpfte er die Westgoten, dann wieder machte er sie zu Verbündeten. Wahrscheinlich glaubte er, die zugewanderten Germanen romanisieren und das Gesamtreich fortsetzen zu können. Angesichts der Gegensätze zwischen Römern und Germanen war diese Idee zum Scheitern verurteilt.

Trotz der Invasion Alarichs blieb Honorius auf Geheiß Stilichos in seiner Residenzstadt Mailand und überließ dem Heermeister jegliche Initiative. In Raetien zog Stilicho Vandalen und andere Germanen auf seine Seite, besiegte dann Alarich, der in Gallien zu siedeln plante, bei Pollentia. Frauen und Kinder, der gesamte gotische Tross, gerieten in Gefangenschaft. Alarich versprach den Römern, wieder Illyrien aufzusuchen und das Westreich gegen Konstantinopel zu schützen.

Doch ignorierte er die Abmachung und versuchte, Gallien zu erreichen. Stilicho bezwang ihn bei Verona. Mit den überlebenden Goten zog Alarich 402/03 nach Illyrien und harrte dort vier Jahre lang aus. Jammervoll endete Alarichs erster Italienzug.

6.1.2 Die Invasion des Radagaisus

Als die Goten Italien geräumt hatten, zog der Kaiserhof ins feste Ravenna. Außerhalb dieser Stadt war Honorius kaum noch zu sehen. Stilicho hatte immer größere Mühe, die vielen Barbaren des Heeres zu kontrollieren und rekrutierte mehr Römer. Doch kam es immer wieder vor, dass zahlreiche „waffenscheue Römer ausrissen" (O. Seeck, Bd. 5). So tief sank im Westen der Staatsgedanke, dass

45

mancherorts barbarische Truppen Römer gewaltsam an der Fahnenflucht hinderten!

Trotzdem existierte auch hier eine antigermanische Opposition, die Stilicho zu Recht vorwarf, dass er Alarich habe entkommen lassen. Schon früher hatte Stilicho die Goten als Druckmittel gegen das Ostreich gebraucht. Jetzt intervenierte Stilicho erneut im Osten; er förderte die Anhänger des abgesetzten Bischofs Johannes Chrysostomos.

Statt Ost und West eng zu verbünden, wie es die politische Vernunft erforderte, koalierte Stilicho mit Alarich, der Illyrien dem Ostreich entreißen sollte. Der Heermeister vernachlässigte die Verteidigung Italiens und Galliens und wies Honorius an, den Alarich zum Magister Militum für Illyrien zu ernennen.

Gegen Ende des Jahres 405 brachen nördlich der Donau große germanische Völkerschaften auf. Unter Führung des Goten Radagaisus drangen insgesamt 200 000 bis 400 000 Goten, Sueben und Alemannen in Italien ein.

Stilicho, der Hunnen, Goten und sogar freigelassene Sklaven mobilisierte, zog Radagaisus entgegen, der seine Scharen in drei Gruppen teilte. Den größten dieser Verbände, der Florenz belagerte, umzingelte Stilicho. Radagaisus wurde ergriffen und hingerichtet; die übrigen Germanen gingen in die Sklaverei oder traten der römischen Armee bei.

Die beiden anderen Gruppen verließen Italien und schlossen sich Vandalen an, die den Rhein überqueren wollten. Während Stilicho Radagaisus bekämpfte, sicherten Franken die Rheingrenze, wofür sie Geld erhielten, weil Rom nicht imstande war, Gallien zu schützen.

Selbst in dieser höchst kritischen Situation eilte Stilicho nicht etwa an den Rhein. Gemeinsam mit Alarich plante er wegen Illyrien einen Kriegszug gegen das Ostreich. Römische Truppen hielt er in Italien fest, obwohl sie an der Rheinfront bitter fehlten. Die Katastrophe nahm ihren Lauf.

6.2. Rom wird erobert

6.2.1 Die antigermanische Opposition des Westens

Vandalen, Alanen und Sueben überschritten am 31. Dezember 406 den Rhein und stießen weit vor [23]. Sie plünderten Mainz und Trier, verwüsteten gallische Städte, kamen bis Paris und Bordeaux.

Angesichts der unverteidigten Rheingrenze beanspruchte Konstantin, der Militärbefehlshaber von Britannien, die Kaiserkrone. Schnell fasste er auch in Gallien Fuß und organisierte den Abwehrkampf. (409 besetzten die Invasoren Spanien und teilten die gesamte Halbinsel unter sich auf. Das volkreiche Westeuropa vermochte die Angriffe einiger zehntausend Krieger nicht abzuwehren!)

Den leichtfertig geplanten Eroberungszug gegen Ostrom musste Stilicho 407 abblasen. Anfang 408 verlangte Alarich, der Italien vom Noricum aus bedrohte, den Goten `Schadensersatz` in Höhe von 4000 Pfund Gold zu leisten.

---

[23] Möglicherweise wurde diese Völkerbewegung wiederum von den Hunnen angestoßen.

Der Usurpator Konstantin (III.) stand bereits an der Rhone. Zwar schlug ihn der gotische Militärbefehlshaber Sarus kurzfristig zurück, aber Konstantins Truppen verjagten Sarus und marschierten in Richtung Italien.

Der Senat und Stilicho debattierten, wie mit der erpresserischen Forderung Alarichs, vor dem Stilicho einknickte, umzugehen sei. Die meisten Senatoren gehörten zur „Kriegspartei" und verfluchten Stilicho, der „dem Frieden Vorzug gebe und es über sich bringe, diesen zur Schmach des römischen Namens für Geld zu erkaufen" (Zosimos, Neue Geschichte).

Mehrere Senatoren verdächtigten Stilicho, die Germanen heimlich zu begünstigen; er oder sein Sohn Eucherius wollten angeblich die Kaiserkrone erlangen. Der alte heidnische Senator Lampadius beklagte wie Synesios Herrschaftsgelüste der Germanen: in Stilichos Absprache mit dem Gotenkönig sah er einen Pakt der Knechtschaft. „Non est ista pax; sed pactio servitutis!" (Zosimos, Neue Geschichte). Nach der Schlacht bei Cannae 216 v. Chr. hatte der Senat unbeugsam die Verheerung des eigenen Landes hingenommen.

Gegen Stilicho wagten aber sogar die heidnischen Senatoren nicht zu rebellieren. Lampadius flüchtete in eine christliche Kirche, um Drangsalierungen zu entgehen.

Katholische Christen des Westens kümmerte vor allem das himmlische Reich. Fast nur Heiden wie Lampadius vertraten antigermanische Standpunkte. Höchst bedenkenswert ist Otto Seecks Feststellung, dass die patriotische Rompartei des Senats „zugleich auch die heidnische war" (O. Seeck, Bd. 5). Aber das Heidentum war ermattet; dem

Sieg des Christentums ging, wie erwähnt, die Schwächung der Heiden voraus.

Stilicho, der ein guter Militär war, aber staatsmännisch total versagte, wollte die Goten nicht an die Macht bringen, verantwortete aber aufgrund seiner gegen das Ostreich gerichteten Politik die Krise wesentlich. Er und Alarich waren gleichzeitig Verbündete und Gegner. Nun forderten die Goten, in einer weströmischen Provinz angesiedelt zu werden. Auch Stilicho gelang es nicht, Germanen gegen Germanen auszuspielen.

Der heidnische Teil des Senats opponierte gegen den Heermeister. Zur antigermanischen Opposition des Westens gehörte auch der Gallorömer Rutilius Claudius Namatianus, der 412 als magister officiorum die Kanzleien des Honorius leitete und noch Jahre später Verse schrieb, in denen er den Wiederaufstieg Roms verkündete und das Christentum scharf angriff. Uns mag Rutilius wie ein Phantast erscheinen. Es sei aber daran erinnert, dass auch das oströmische Reich eine verzweifelt schwierige Situation letztlich bewältigte. *Äußere* Bedingungen machten die Erholung Westroms *nicht* unmöglich, zumal sich ein Bündnis mit dem erstarkten Ostreich anbot.

6.2.2 Stilichos Tod

Empört über Stilichos Kniefall vor Alarich, ergriffen Honorius und zahlreiche Hofbeamte gegen ihn Partei. Das galt besonders für Olympius, den Stilicho selbst gefördert hatte. Honorius entglitt der Bevormundung des Heermeisters.

Kaiser Arcadius starb im Mai 408 und hinterließ einen noch unmündigen Sohn. Stilicho überredete Honorius, in Italien zu bleiben und wollte selbst nach Konstantinopel gehen und das Ostreich unter seine Kontrolle bringen. In Bononia (Bologna) traf Stilicho Reisevorbereitungen.

Olympius nutzte die Abwesenheit des Feldherrn und schürte das Misstrauen des Honorius gegen Stilicho, der in Konstantinopel Eucherius zum Kaiser erheben wolle und entschlossen sei, Honorius abzusetzen. Olympius ging zu den in Ticinum (Pavia) stationierten römischen Truppen, in deren Reihen eine antigermanische Stimmung herrschte, die Olympius, der zum Umsturz aufrief, zu nutzen verstand.

Der Staatsstreich begann am 13. August 408. Während Honorius, der nicht eingeweiht war, vor den Soldaten in Ticinum eine Rede hielt, töteten diese, auf ein Zeichen des Olympius „gewissermaßen in Raserei versetzt", vier hohe, von Stilicho ernannte Amtsträger und Offiziere (Zosimos, Neue Geschichte). Dann stürmten die Soldaten umliegende Häuser und töteten zahlreiche weitere, dem Stilicho ergebene Amtsträger. In diesem „Blutbade" verschaffte „der Antigermanismus sich Luft" (O. Seeck, Bd. 5).

Der entsetzte Stilicho wollte zunächst nach Ticinum eilen, erfuhr dann aber, dass Honorius die Aufständischen unterstützte. Nun ging Stilicho, der nicht daran dachte, gegen Honorius vorzugehen, ins scheinbar sichere Ravenna.

Auch in Ravenna beobachteten römische und germanische Soldaten einander feindselig. Vergebens flüchtete Stilicho in eine christliche Kirche; er wurde gefasst, legte jedoch keinen Wert darauf, dass ihn seine Anhänger befreiten. Der Kaiser verurteilte Stilicho zum Tode; passiv beugte er sich unter das Schwert. Eucherius fiel ebenso der Hinrichtung anheim. Weitere Anhänger Stilichos wurden festgenommen, gefoltert, umgebracht.

Auch töteten römische Soldaten in mehreren Städten zehntausende germanische Frauen und Kinder. Olympius erhielt das Amt des magister officiorum und war leitender Staatsmann. Der Kaiser verstieß seine Ehefrau Thermantia, eine Tochter Stilichos.

Die antigermanische Revolte vom August 408 glich auffällig dem geschilderten Umsturz in Ostrom; möglicherweise diente Letzterer italischen Römern sogar als Vorbild. Was in Konstantinopel geschah, konnte prinzipiell auch dem Westen gelingen. Allerdings scheiterten die Germanen in Konstantinopel wesentlich am Volkszorn, der in Westrom kaum zu bemerken war. Viel zu wenige Römer, welche die germanischen Söldner hätten ersetzen können, wurden rekrutiert.

Honorius versäumte es, die Militärpolitik grundlegend zu ändern. Westlich-katholische Christen verurteilten den Kriegsdienst [24]; ohnehin mieden Römer das Militär. Der Kampfesleidenschaft der Germanen konnten sie nicht erfolgreich widerstehen. Die Moral des Duldens [25] erlag dem

---

[24] Erst in späterer Zeit, als das Christentum konsolidiert war, änderte sich diese Einstellung, auch weil die katholische Kirche mehr weltliche Macht erstrebte. Vgl. unten Kap. 8

[25] Im frühen 5. Jahrhundert wurde Trier von den Franken verheert. Während noch Leichen in den Straßen lagen, forderten zahlreiche Trierer den Präfekten auf, Zirkusspiele zu veranstalten (Benrath, Galla Placidia).

Heroismus des Kriegers. Der westliche Antigermanismus war auch unter den Soldaten heidnisch geprägt.

Tiefer wurzelte der Antigermanismus des Ostreiches; er war härter, konsequenter und dauerhaft. Die genauen Ursachen sind noch zu analysieren [26]. Jedoch standen auch im Westreich die Dinge zunächst auf des Messers Schneide.

6.2.3 Alarichs weitere Italienzüge und die Plünderung Roms

Die neue antigermanische Regierung verweigerte Alarich das zugesagte Gold. Daraufhin erklärte der Gotenkönig, dass ihm auch eine geringere Ablösesumme genüge, und er sein Volk, sobald der Kaiser zahle, ins ferne Pannonien zu führen gedenke. Auch diese Forderung wies der von Olympius beratene Honorius zurück.

Nun betrat Alarich italienischen Boden, aber Honorius, verschanzt in Ravenna, entsandte keine Truppen, welche die Alpenpässe hätten sperren können.

Alarich erreichte im Herbst 408 Rom. Ihn verstärkten 30 000 germanische Kämpfer, deren oben erwähnte Familien den Römern zum Opfer gefallen waren. Statt sorgsam die Verteidigung der Stadt vorzubereiten, ließ der Senat Stilichos Witwe Serena erwürgen, die Rom an die Goten verraten habe. Galla Placidia, die Tochter Theodosius I., Halbschwester des Honorius, glaubte ebenfalls an Serenas Schuld (Zosimos, Neue Geschichte).

---

[26] Vgl. unten Kap. 7

Ansonsten warteten die furchtsamen Senatoren darauf, dass der unfähige Kaiser Hilfe leiste. Auch im Westen gab es (fast nur heidnische) Rompatrioten, denen jedoch die Leidenschaft und Hingabe eines Synesios oder Aurelian fehlten.

Im belagerten Rom, dem es an Kampfgeist mangelte, wüteten Hunger und Seuchen. Da Ravenna keinen Entsatz schickte, verhandelte der Senat mit Alarich. Man sei bereit, erklärten römische Gesandte, einen maßvollen Frieden abzuschließen; andernfalls würden zahlreiche Römer zum Schwert greifen. Alarich antwortete voller Hohn: „Dichteres Gras lässt sich leichter mähen als dünneres!" und fügte ein „lautes Gelächter" hinzu (Zosimos, Neue Geschichte). Frieden schließe er nur, wenn die Stadt alles Gold und Silber sowie die germanischen Sklaven herausgebe. Auch möge der Senat Honorius auffordern, mit den Goten Frieden und ein Waffenbündnis zu schließen.

Schamlos kapitulierte der Senat und legte den Goten 5000 Pfund Gold, 30 000 Pfund Silber sowie andere Güter zu Füßen. Sogar die goldene „Statue der Tapferkeit, welche die Römer Virtus heißen", wurde eingeschmolzen und dem Feind ausgeliefert. „Mit ihrer Vernichtung erlosch alles, was bei den Römern an Tapferkeit und männlichem Denken noch vorhanden war" (Zosimos, Neue Geschichte). Honorius akzeptierte die Friedensbedingungen und ersetzte Anfang 409 antigermanische Staatsdiener wie Olympius durch willfährige Personen.

Dann aber verabredete Honorius mit dem Usurpator Konstantin ein Bündnis gegen Alarich. Gute Truppen aus Dalmatien verstärkten das kaiserliche Heer. Die Verhandlungen mit Alarich endeten; neue Kampfhandlungen begannen. Der zurückgekehrte Olympius konnte allerdings, weil er voreilig handelte, eine gotische Truppe nicht oder nur teilweise zerschlagen. Deshalb gab der Kaiser seinen besten Mann preis und ließ Olympius töten.

Wieder besetzten Germanen wichtige staatliche Positionen. Alarich verlangte Kornlieferungen, ein Jahresgeld und die Ansiedlung der Goten in Venetien, Noricum und Dalmatien. Honorius billigte Alarichs Forderungen, fügte aber seinem Schreiben Sätze hinzu, die den Goten vermeintlich beleidigten. „Zornentbrannt" befahl Alarich, „auf der Stelle gegen Rom zu marschieren" (Zosimos, Neue Geschichte).

Der Hof zu Ravenna rüstete für den Krieg, doch Alarich bereute und machte ein Vermittlungsangebot. Ihm genüge das Noricum, er verzichte auf Geldleistungen und werde Roms Feinde bekämpfen. Bischöfe der katholischen Kirche intervenierten ins Staatsleben und rieten dem Kaiser, die Waffen zu strecken.

Trotzdem blieb Honorius, der auf ein Militärkontingent des Konstantin wartete, unbeugsam. Am Jahresende 409 bedrohte Alarich Rom erneut und forderte, dass der Senat den Präfekten Priscus Attalus zum (Gegen)kaiser erhebe.

Alle Weströmer hätten wie der Osten gegen den Landesfeind an einem Strang ziehen müssen. Aber die folgsamen Senatoren taten wie befohlen, und der Pseudokaiser ernannte Alarich zum Magister Militum. Anstelle des widerspenstigen Honorius sollte Attalus den Goten dienstbar sein.

Alarich erwog die Besiedlung der getreidereichen Provinz Afrika, doch glaubte Attalus, dass Afrika auch ohne gotische Besetzung Getreide liefern könne. Der Gegenkaiser entsandte einen Römer namens Constans, der Heraclanius, Statthalter in Afrika, abzulösen hatte.

Vorerst plante Alarich die Entmachtung des Honorius; gemeinsam mit Attalus belagerten die Goten Ravenna. Honorius akzeptierte Attalus als Mitregenten wie zuvor schon Konstantin. Attalus aber wollte allein regieren und Honorius nur den Kaisertitel belassen. Der Präfekt Jovius, vom rechtmäßigen Kaiser beauftragt, ihn zu vertreten, wechselte die Seiten und bot Attalus an, Honorius völlig zu entfernen.

Ein weiterer Amtsträger des Honorius, der Magister Militum Allobich, verbündete sich mit Konstantin, der in Ravenna den Kaiserthron zu besteigen hoffte. Honorius bereitete seine Flucht ins Ostreich vor.

Nach Stilichos Tod hatte Ostrom versprochen, dass Honorius Truppen erhalten werde, sobald die Hunnengefahr nicht mehr bestehe. Zur Jahresmitte 410 kamen 4000 oströmische Soldaten und bemannten die Stadtmauern von Ravenna. Außerdem blockierte Heraclianus, der Constans besiegt hatte, die Getreidelieferungen für Italien. Alarich hob Ende Juni 410 die Belagerung Ravennas auf; künftig sollte Ligurien die Goten ernähren.

In Rom sponnen sich derweil Intrigen um den Schattenkaiser Attalus. Jovius wähnte seinen neuen Herrn auf verlorenem Posten und tauschte wieder die Fahnen. Dem Alarich erzählte er, dass Attalus ihn stürzen wolle. Der Gotenkönig verjagte die kaiserliche Marionette und suchte das

Gespräch mit Honorius, der befohlen hatte, Rom wieder mit Korn zu beliefern und Allobich umzubringen.

Aber jetzt erlag Honorius, biegsam wie Schilfrohr, den Einflüsterungen des gotischen Militärführers Sarus, der einige gotische Soldaten töten ließ, weil er glaubte, Alarich bezwingen zu können.

Voller Grimm belagerten die Goten Rom erneut, in dem bald der Hunger wütete. Eine „fromme Christin" (O. Seeck, Bd. 5), Proba genannt, die Briefe mit Augustinus wechselte, sabotierte die Verteidigung der Stadt, deren Plünderung ihr als das kleinere Übel erschien. Heimlich öffnete sie nachts ein Stadttor. Am 24. August 410 stürmten die Goten Rom, plünderten und brandschatzten drei Tage lang, erschlugen Abertausende, versklavten Römer und setzten ganze Stadtviertel in Brand.

Zwar baute man Rom wieder auf, aber die psychologische Wirkung der Eroberung war enorm. Etwa gleichzeitig überrannten Germanen das westliche Europa; römische Soldaten verließen Britannien.

Erneut wollte Alarich die Provinz Afrika okkupieren, starb aber noch 410. Die Westgoten zogen 412 unter der Führung seines Schwagers Athaulf nach Südgallien (Narbonensis).

6.3 Galla Placidia

Wiederholt schreibt Ammianus Marcellinus, dass die Germanen waffenfähige Römer totschlugen, ihre „schönen Frauen" fesselten und wegschleppten. Die wichtigste

`Beute`, welche die Goten 410 aus Rom fortbrachten, war Galla Placidia (392-450), die Tochter Theodosius I.

Oft wird der Geist einer Epoche in manchen Individuen verdichtet und personifiziert. Synesios von Kyrene, der einen wichtigen Beitrag leistete, den Staat in tiefster Not zu retten, vertrat die *oströmische* Denkweise. Byzanz wurde eine tausendjährige Geschichte eröffnet; fortan trug im Ostreich der wiedergeborene Römersinn ein christliches Gewand.

Schon von der Logik her liegt die Vermutung nahe, dass Westrom ein komplementäres *Gegenstück* zu Synesios hervorbrachte. Und tatsächlich existierte dieses in Gestalt der Galla Placidia. Seit dem Tod ihres Vaters stand sie gemeinsam mit Honorius unter der Vormundschaft Stilichos. Eucherius, Sohn des Stilicho und der Serena, erhielt sie 405 zum Verlobten.

Von 410 bis 416 lebte Placidia als Geisel bei den Westgoten, die Roms Heermeister Flavius Constantius bedrängte, der auch den Usurpator Konstantin ausschaltete. Einen zweiten Usurpator namens Jovinus unterstützten die Goten anfangs, nahmen ihn dann aber gefangen. Deshalb versprach Constantius den Goten, Getreide zu liefern. Galla Placidia sollte zurückkehren.

Allerdings erhielten die Goten kein Getreide, sondern Constantius bekämpfte sie. Athaulf ernannte nun Priscus Attalus 414 wieder zum Kaiser, heiratete Galla Placidia, die er zur Königin der Goten machte. Zwischen Rom und den Goten wollte sie ausgleichen und ein Bündnis schmieden. Mit Athaulf bekam sie ein Kind, das sie Theodosius nannten und den Kaiserthron hätte beanspruchen können, wäre ihr Sohn nicht früh verstorben.

Wegen der Getreidenot begannen die Goten seit 415 nach Spanien abzuwandern. Im August des gleichen Jahres fiel Athaulf der angeblichen Blutrache[27] eines Goten zum Opfer. Galla Placidia wurde kurzzeitig in Haft genommen.

Der neue Gotenkönig Wallia und Constantius vereinbarten, die Vandalen und Alanen in Spanien niederzuwerfen. Zum Dank sollten die Westgoten in Gallien noch größere Gebiete als vorher erhalten, Galla Placidia zurückgeben und Getreide empfangen. Zwischen 416 und 418 wurden die Vandalen und Alanen stark dezimiert; dann besiedelten die Westgoten ihnen zugewiesene Gebiete im südlichen Gallien. Das weströmische Reich hatte sich unter Flavius Constantius etwas erholt.

Galla Placidia lebte wieder bei den Römern und heiratete 417 Constantius. Das Paar bekam zwei Kinder, bevor Constantius 421 starb. Ihr Sohn Valentinian (III.) bestieg nach dem Tod des Honorius 425 im Alter von sechs Jahren den Kaiserthron. Lange Zeit regierte Galla Placidia und setzte ihre germanophile Politik fort. Sie unterstützte die Ansiedlung von Burgundern in Savoyen und initiierte die Verlobung des vandalischen Königssohnes Hunerich mit der Römerin Eudokia (Benrath, Galla Placidia). Nicht zuletzt vertrat sie eine strikt gegen Heiden und Arianer gerichtete katholische Politik.

---

[27] Auch antirömische Tatmotive könnten eine Rolle gespielt haben.

Germanen und Römer wollte Galla Placidia verschmelzen und das Reich fortsetzen. Obgleich sie insofern wie Stilicho scheiterte, bestimmte die römisch-germanische Synthese in anderer Form das Abendland [28].

Synesios von Kyrene und Galla Placidia repräsentierten zwei konträre Denkweisen, die unterschiedliche Kulturen bedingten, deren geistige Hintergründe jetzt näher zu betrachten sind.

7. Die christlichen Religionen der Spätantike

7.1. Der Victoria-Altar

Kurz bevor Kaiser Gratian 383 starb, hatte er befohlen, den heidnischen Altar der Siegesgöttin aus der Senatskurie zu entfernen. Der Altar war eines der ehrwürdigsten altrömischen Heiligtümer.

Gratians zwölf Jahre alter Halbbruder Valentinian II. regierte nun das weströmische Reich. Beeinflusst vom heidnischen Heermeister Bauto, gewährte Valentinian dem Heidentum Freiräume. Der Kaiser ernannte den heidnischen Senator Quintus Aurelius Symmachus (ca. 342-403) zum Präfekten von Rom. Der mehrheitlich heidnische, von Symmachus geleitete Senat forderte, den Victoria-Altar wiederaufzustellen (R. Klein, Der Streit).

Symmachus erntete am kaiserlichen Hof viel Zustimmung, doch griff der Mailänder Bischof Ambrosius ein,

---

[28] Das wichtigste Resultat dieser Synthese war der europäische Nationalstaat, der römisches Staatsdenken und germanisches Stammesprinzip vereinigte.

der Valentinian drohte, ihn zu exkommunizieren, falls er Symmachus Folge leiste. Und tatsächlich sank der Kaiser vor dem Bischof auf die Knie! Der ehemalige Senator und Provinzstatthalter Ambrosius (339-397), ein sogenannter Kirchenvater, beeinflusste wesentlich die spätantike Geschichte. Symmachus und Ambrosius bekämpften einander; ihr Konflikt ist ebenso aufschlussreich wie der Gegensatz Synesios - Galla Placidia.

Der Altar sei wiederaufzustellen, erklärte Symmachus, weil die Göttin dem Staat Nutzen bringe und andernfalls die Germanen Rom erobern. „Wer ist den Barbaren so gewogen, dass er den Altar der Victoria nicht vermisst?" Erst die Victoria „verleiht euch den Triumpf über euere Feinde". Symmachus verknüpfte das Heidentum mit der Germanenabwehr. Auch gehe die Würde des Senats verloren, klaffe am Ort des Altars eine hässliche Lücke.

Das „Geheimnis" der Welt, schrieb der kluge Symmachus, finde niemand „nur auf einem Weg". Daher sei es falsch, bloß *eine* Religion zu erlauben. Aber die Förderer des heidnischen Kultus werden vom Staat enteignet und verlieren ihre Steuerprivilegien. Die Victoria symbolisiere den alten Römergeist, der die Germanen besiegen könne. Die Schriften des Symmachus gehören zu den letzten eindrucksvollen Lebenszeichen des antiken Heidentums.

Hingegen forderte Bischof Ambrosius in einem Brief an Kaiser Valentinian „Eifer im Glauben und in der Frömmigkeit". Zu verbieten seien „gottlose Bräuche". Der Gott der Christen müsse „vor allem anderen den Vorrang haben". Offensichtlich galt das *auch* für den Staat und die Abwehr der Germanen. Gebührte also der Kirche die Leitung der Welt? „Denn nichts ist wichtiger als die Religion, nichts steht höher als der Glaube". Valentinian müsse die Heiden fallen lassen, habe doch Jesus gesagt: „Ihr könnt nicht zwei Herren dienen". Ambrosius rief bis an sein Lebensende dazu auf, Heiden und Häretiker zu beseitigen.

Der Christ kämpfe „auf der Erde für den Himmel". Deshalb lebten bei den Christen ungleich mehr „Jungfrauen" als nur die sieben Vestalinnen der Heiden. „Sie versuchen nicht, durch ihre Schönheit zu reizen, sondern sie verbergen sie" und kennen nichts als „Übungen im Fasten". Tatsächlich hatte Ambrosius dafür gesorgt, dass viele Frauen, für die er eigens den Schleier erfand, in den Haushalten jungfräulich lebten. Im Anfang der christlich-abendländischen Kultur standen Askese und Weltverneinung.

Der völligen Geringschätzung des Irdischen sollte die Vergöttlichung der Erde folgen. Seit der Legalisierung des Christentums habe sich Rom, behauptete Ambrosius, zum Besseren entwickelt. Auch die Germaneninvasion änderte daran folglich nichts. Das Ideal der Römischen Republik, die den Dienst am Gemeinwesen benötigte, verwarf Ambrosius kategorisch und ersetzte ihn durch Hingabe an die Kirche. Ambrosius, der das Mönchtum lobte, verachtete Staatsämter und weltliche Berufe, bekämpfte alle Bildung, eingeschlossen die Kenntnis der römischen Geschichte und heidnischer Philosophie. Zu fordern sei die Unabhängigkeit und der Vorrang der katholischen Kirche.

Richard Klein (Der Streit) zufolge betonte Ambrosius den „Universalismus aller Länder und Völker". „Eine unübersteigbare Trennwand", die das weströmische Reich lähmte, errichtete der Bischof zwischen Heiden und Christen [29]. Stets vertrat er den *absoluten* Primat der Religion, hielt römisches Bürgerrecht und wahren Glauben für untrennbar. Der Bischof hieß Germanen willkommen, sofern sie die „Pax Romana" akzeptierten und den wahren Glauben annahmen. Eben das hat Ambrosius einer Königin der Markomannen empfohlen! Der ambrosianischen Logik entsprach es, dass christliche Römer getauften Germanen näher standen als heidnischen Römern.

Rom missionierte nach innen, wenn sich germanische Einwanderer zum Christentum bekehrten. Schon im sogenannten Taufbefehl des Jesus heißt es: „Geht zu *allen* Völkern und macht *alle* Menschen zu meinen Jüngern". Bei Ambrosius hat „das Ideal des Priesters die politischen Ideale verdrängt" (zit. nach R. Klein, Der Streit).

Wie bereits erwähnt, schrieb Jacob Burckhardt zutreffend, dass in Rom die Kirche den Staat und die Religion das Staatsbewusstsein verdrängten [30]. Was dieser fundamentale Wandel für die Germanenabwehr bedeutete, ist unschwer zu erkennen. Ein jahrhundertelanger Prozess der Spiritualisierung verursachte den Untergang des weströmischen Reiches. Ehemals harte römische Materialisten verwandelten sich in ihr eigenes Gegenteil. Insofern war der Streit um den Victoria-Altar, der nicht in die Senatskurie zurückkehrte, symbolisch höchst wichtig.

---

[29] Dass Ambrosius (angeblich) Kriege gegen Barbaren mitunter bejaht haben soll, relativiert nichts. Diesem Missverständnis unterliegt H. Leppin, Die Kirchenväter und ihre Zeit. Laut O. Seeck neigten christliche Amtsträger zur Willfährigkeit gegenüber den Germanen.
[30] Die andersartige Entwicklung im ebenfalls christlichen Ostrom erklärt Burckhardt nicht.

Vor dem Kaiser machte der Herrschaftsanspruch des Ambrosius nicht Halt. 385 wollte Valentinian II. nahe Mailand eine arianische Kirche einrichten und beauftragte hiermit Ambrosius. Der Bischof jedoch mobilisierte Christen, die gegen Valentinian protestierten, der sein Vorhaben rasch aufgab.

Wenig später gewährte Valentinian den Arianern Versammlungsfreiheit. Als der Kaiser und arianische Christen in einer Mailänder Kirche den Gottesdienst feierten, besetzten Gefolgsleute des Ambrosius die Kirche und Valentinian suchte das Weite.

Nicht besser erging es Theodosius I. 388 zerstörten in Kallinikon katholische Christen eine Synagoge und den Versammlungsraum einer religiösen Sekte [31]. Der Kaiser befahl, die Täter zu bestrafen. Doch Ambrosius, der Juden genauso wie Heiden und Häretiker tödlich hasste, setzte Theodosius durch seine Mailänder Gemeinde unter Druck. Am Ende schreckte der Kaiser davor zurück, Strafmaßnahmen zu ergreifen. 390 verübten kaiserliche Truppen in Thessalonike ein Massaker [32]. Erneut krümmte Theodosius seinen Nacken vor dem Bischof und tat öffentlich Buße.

Die große Bedeutung solcher Vorgänge unterstreicht ein Vergleich mit Johannes Chrysostomos. Der 398 zum Bischof von Konstantinopel ernannte Prediger bevormundete das Kaiserhaus religiös-moralisch. Außerdem lehnte

---

[31] Vgl. oben Kap. 4.2
[32] Vgl. oben Kap. 5.2.2

es Chrysostomos ab, ein vom Hof gefordertes Konzil ein-zuberufen. Aber Johannes wurde 403/404 in die Verban-nung geschickt; welcher Gegensatz zur Priesterherrschaft in Westrom! Betrachten wir nun die Ursachen der west/östlichen Differenzen.

7.3 Streit um Jesus: die Grundlegung von Abendland und Byzanz

7.3.1 Bisherige Deutungen der Spätantike

Zunächst möchte ich die vier gängigsten Theorien zum Untergang des (west)römischen Reiches erörtern.

1) Dass viele Römer „dekadent" gewesen seien, parasitär ihre Tage verbrachten, jeglichem Luxus frönten, wurde oft betont. Tatsächlich hat es solche Phänomene gegeben.

Der bei weitem größte Teil der Reichsbewohner lebte aber sehr bescheiden oder ärmlich. Von „Dekadenz" zu reden, überzeugt schon deshalb nicht, weil man sonst das Mittel-alter, geboren in der Spätantike, ebenfalls „dekadent" nen-nen müsste. Auch der Gegensatz von West- und Ostrom ist auf diese Weise nicht zu erklären. – Ebenso scheitert der Versuch, *das* Christentum in *jeder* Gestalt, in West *und* Ost, als ursächlich für den Untergang (West)roms anzuse-hen [33].

2) Eine Variante der „Dekadenz"-Theorie ist die An-nahme eines biologisch-genetischen Verfalls der Römer. Otto Seeck meinte, dass das „herabgekommene" Römer-

---

[33] An dieser Stelle wäre E. Gibbon trotz seiner großen Ver-dienste zu kritisieren.

tum nur dadurch zu retten gewesen sei, dass „es gesünderes Blut [der Germanen] in sich aufnahm und dem eigenen Körper zu assimilieren strebte". Der Grund hierfür sei die „Ausrottung der Besten", die während des Bürgerkriegs in der römischen Republik stattgefunden habe.

Warum ging Rom aber erst vierhundert Jahre später zugrunde und weshalb nur der Westen? Dass große Menschenverluste auszugleichen sind, beweisen die Pestepidemie des 14. Jahrhunderts und der dreißigjährige Krieg in Deutschland. Bis heute fehlt jedes Anzeichen eines biologischen Niedergangs der Römer. Historiker, die genetisch argumentieren, haben ihren Beruf verfehlt.

3) Die Spätantike „sozialökonomisch" zu interpretieren, genießt in Deutschland, wo der Marxismus entstand, große Beliebtheit. Unsere Voll- und Halbmarxisten übersehen nicht nur, dass menschliche Entscheidungen die `sozialökonomischen Strukturen` schaffen. In West- und Ostrom existierten *gleichartige* wirtschaftliche Bedingungen. Kolonen und Sklaven gab es hier wie dort. Auch sie konnte man bewaffnen und zum Militärdienst heranziehen. Dass Ostrom die Germanen in fast letzter Minute abschüttelte, war *geistig* bedingt. *Keine* soziale Struktur erklärt den beispiellosen *kulturellen* Wandel der Spätantike.

4) Häufig wird die Krise des spätrömischen Reiches auf *äußere* Ursachen zurückgeführt. Viele Historiker betonen die Hunnenstürme und die verbesserte Organisation der germanischen Völker.

Und doch besaß Rom, das Westreich also eingeschlossen, weit größere Potentiale hinsichtlich Bevölkerungszahl, Wirtschaftskraft, Rüstung, Werften und Organisiertheit.

Nicht zu verkennen ist die erfolgreiche Germanenabwehr des Ostens [34]. (Die Torheit geografischer Erklärungen und die problematische Größe des Imperiums wurden bereits erwähnt) [35].

Der Erklärungswert der ersten drei Ansätze ist gleich null zu veranschlagen. Die vierte These überzeugt nicht, weil sie die Selbstschwächung Roms ausblendet und die wichtigste Frage ignoriert: warum mündete der Untergang Westroms in eine neue kulturgeschichtliche Epoche?

Allen genannten Deutungen liegt die falsche Prämisse zugrunde, dass die spätantike Geschichte *zwangsläufig* verlaufen sei – determiniert durch Gene, sozialökonomische Strukturen, geografische Bedingungen, äußere Gefährdung. Denk- und Willensfreiheit konstituiert den Menschen und erfordert es, den *Wandel* des *Denkens* zu untersuchen.

7.3.2 Die Christologie des Ostens

In der Mailänder Vereinbarung von 313 anerkannten die Kaiser Konstantin I. und Licinius das Christentum als gleichberechtigte Religion und proklamierten die Glaubensfreiheit. Am Beginn des 4. Jahrhunderts lebten im Römischen Reich etwa sechs Millionen Christen, fünfzig Jahre später gab es über 30 Millionen.

---

[34] Möglicherweise wurzelte auch die bessere Zusammenarbeit der Germanen in römischer Schwäche, die es den Germanen aussichtsreich erscheinen ließ, ihre Anstrengungen effektiver zu koordinieren.

[35] Vgl. Anmerkung 9 und Kap. 2

Konstantin, seit 324 Alleinherrscher, forderte die religiöse und politische Reichseinheit. Wegen der Zerstrittenheit christlicher Gemeinden fand 325 auf Initiative des Kaisers in Nicäa ein Konzil statt. Umkämpft war die christologische Lehre des alexandrinischen Presbyters Arius (ca. 260-327). Vor allem in der Osthälfte des Reiches war der Arianismus beheimatet.

Nichts bereitete den spätantiken Christen größere Pein als ein abstraktes theologisches Problem. War Jesus Gott oder Mensch oder beides gleichzeitig? [36] Konnte nur ein Gott, der den Kreuzestod starb, die Menschheit erlösen? Arius sah in Christus keinen Gott, sondern einen geschaffenen, wenn auch vollkommenen Menschen. Auch der sogenannte Heilige Geist hatte für Arius nicht immer existiert.

Dabei ging es nicht nur um die individuelle Erlösung; die Christologie betraf das Verhältnis des Irdischen zum Göttlichen *insgesamt*. Die Theologie des Arius bedingte eine realistischere, weniger spirituelle Sicht der Welt. Eben deshalb bevorzugten viele Germanen den Arianismus und verabscheuten die weltentrückte Askese der Katholiken.

Bereits eine *minimale* Akzentverschiebung innerhalb des fiktiven Jesusbildes konnte eine wesentlich andere Kultur hervorbringen. Auf den spätantiken Konzilien wurde nichts Geringeres verhandelt als die Grundlegung der byzantinischen und der abendländischen Geschichte.

---

[36] Man sprach von „wesensgleich" oder „wesensähnlich" (Sozomenos, Kirchengeschichte, Bd. 2, M. Clauss, Neuer Gott).

In Nicäa brandmarkten die meisten Konzilsteilnehmer Arius als Häretiker und verkündeten die Wesensgleichheit von Gott, Jesus und Heiligem Geist (Trinität). Arius wurde exkommuniziert und in die Verbannung geschickt. Dennoch verfehlte der Kaiser seine politischen Ziele; der Streit um das Jesusbild ging weiter. Schon zwei Jahre später kehrte der Verbannte zurück. Seit 328 bekämpfte Athanasius, Bischof von Alexandria, den Arianismus. Dennoch blieben arianische Strömungen, welche die Papstkirche strikt verurteilte, in Ostrom rege und machtvoll. Die Kaiser Constantius und Valens hingen der arianischen Konfession an.

Der aus Spanien gekommene Theodosius I. unterdrückte die Arianer; das Konzil von Konstantinopel 381 bestätigte die nicänischen Glaubensbekenntnisse. Trotzdem prägten arianische Vorstellungen das oströmische Christentum und erlangten große Bedeutung. Den christologischen Streit setzten Monophysiten und Diophysiten fort.

Monophysiten, beheimatet in Ägypten, auch alexandrinische Richtung genannt, verkündeten die Verschmelzung von Gott und Mensch in Jesus (Einnaturlehre). Hingegen betonten diophysitische Antiochener, dass Göttliches und Menschliches in Jesus getrennt seien. Nestor, 428 zum Bischof von Konstantinopel ernannt, gehörte dieser Theologie an, deren Zweinaturenlehre dem Arianismus ähnelte und die östliche Orthodoxie beeinflusste [37].

---

[37] In späterer Zeit lebten Monophysiten und Diophysiten vornehmlich in Randgebieten oder außerhalb des oströmischen Reiches.

Römische Arianer gab es im Westen nur wenige. Für die lateinische *und* griechische Welt setzten die Beschlüsse des Konzils von Chalcedon 451 den Maßstab. In Christus seien „zwei Naturen unvermischt, unverändert, ungeteilt und ungetrennt". Jesus vereinige das Eigentümliche beider Naturen; diese widerspruchsvolle Lehrmeinung [38] provozierte unterschiedliche Interpretationen.

Der Papst beanspruchte die Führung der Gesamtkirche, die oströmische Bischöfe verneinten. Weitere Streitigkeiten zwischen Ost und West entzündeten sich an theologischen Doktrinen des Augustinus.

7.3.3 Augustins „Gottesstaat" im Westen

Seit der Erstürmung Roms 410 gaben viele Heiden dem Christentum die Schuld am Niedergang Roms. Ihnen antwortete der Bischof von Hippo Regius in Nordafrika, Aurelius Augustinus (352-430), der zwischen 413 und 426 ein Buch verfasste, welches die Gründungsurkunde des Abendlands darstellt.

Roms schwere Demütigung, meint Augustin, sei bedeutungslos; die Stadt gehöre nur dem irdisch - vergänglichen und vorläufigen Reich an. Des Christen wahres und ewiges Dasein erwarte ihn im Jenseits, das Augustin „Gottesstaat" nennt. Den Mailänder Bischof Ambrosius kannte Augustin persönlich und schöpfte seine Theologie aus der Ideenlehre Platons. Ursprünglich glaubte Augustin an die manichäische Zweiteilung der Welt in Gut und Böse; an

---

[38] Was unvermischt ist, kann nicht zugleich ungeteilt, also eins sein. Diese Kompromissformel hat die Gegensätze eher verschleiert als gelöst.

ihre Stelle setzte er den Neuplatonismus des Philosophen Plotin (O. Seeck, Bd. 6).

Der Theologe aus Hippo wertete das irdische Leben radikal ab. Erfolg in weltlichen Dingen kümmere den frommen Christen nicht; allein der Glaube zählt und erfordere sogar, wie Theodosius zeigte, die Selbstdemütigung. Alle Menschen unterliegen der Erbsünde, ihr Schicksal ist durch Gott vorherbestimmt. Nur der göttlichen Gnade dürfe man vertrauen. Die Eroberung Roms 410 sei dem Urteil Gottes geschuldet, dem Christen gehorchen müssen, die andernfalls ihr jenseitiges Heil gefährden!

Otto Seeck schreibt, dass sich bei Augustin „nicht die leiseste Spur" eines Bedauerns der Erstürmung Roms findet. Den Neuplatonikern verwandt, fordert auch dieser Großfürst der Askese die rigorose „Abtötung des Fleisches" (O. Seeck, Bd. 6). Konsequent verdammt Augustin die heidnisch-weltliche Bildung; allein der feste religiöse Glaube zählt.

Selbstverständlich verschwendet Augustin keinen Gedanken an die Abwehr der Germanen. Den schon von Ambrosius eingeschlagenen Weg geht Augustin bis zum letzten möglichen Punkt weiter. Ob „Römer oder Barbaren Sieger bleiben" (O. Seeck, Bd. 6), ob „Honorius oder Alarich" regiert, ist ein irdisches Problem, das den Christen, der Bürgerpflichten ohnehin abzulehnen hat, nichts angeht. Daraus folgte die religiöse Legitimierung der gesamten Völkerwanderung.

Der „Gottesstaat" enthält Widersprüche und Ungereimtheiten. Augustin trennt Welt- und Gottesstaat nicht völlig; er öffnet eine zweite Tür. Das Irdische diene der Vorbereitung des Jenseitigen und ordne das menschliche Dasein. So bediene sich „der himmlische Staat des irdischen Friedens". Möglichst weit soll der Christ die göttlichen Gebote „der Erhaltung des sterblichen Lebens" bereits im Diesseits verwirklichen. Sogar über eine Neuschöpfung des eigentlich verachteten Körpers nach dem Tod wird spekuliert (Augustinus, De civitate Dei) [39].

Somit deutet sich eine mögliche Verschmelzung beider von Gott geleiteten Reiche in unbestimmter Zukunft an. Augustins wenig logische, nie eindeutig geklärte Doktrin [40] bildet die wichtigste geistige Grundlage der Kultur des christlichen Abendlands.

7.3.4 Die Ablehnung des „Gottesstaates" durch den Osten

Der Bischof von Hippo bejahte die Beschlüsse von Nicäa 325 und verurteilte den im Osten starken Arianismus. In Augustins Trinitätslehre war der „Heilige Geist" immer schon der Geist Gottes und des Sohnes. Der Geist gehe aus Vater *und* Sohn hervor (filio*que*), sodass Geist und Jesus zwei gleichwertige Ausdrucksformen Gottes seien (Augustinus, De trinitate). Diese später dem nicänischen Bekenntnis eingefügte Trinitätslehre lehnte die Ostkirche ab. Für sie kam der Geist, wie Arius gelehrt hatte, *durch*

---

[39] Diesen Aspekt der augustinischen Theologie verkennt oder unterschätzt Otto Seeck. Papst Gregor der Große (540-604) setzte Augustins Betrachtungsweise fort und wollte Gottes Werke auf Erden unterstützen (Gregor der Große, Dialoge). Vgl. zu dieser Thematik: H. Leppin, Kirchenväter.

[40] Bei religiösen Dogmen ist generell davon auszugehen, dass sie irrational sind und nicht den Gesetzen der Logik folgen.

den Vater auf den Sohn. Da beide von Gott relativ getrennt sind, erscheint Jesus weniger bedeutsam.

Dostojewski hat in seinem Roman „Die Brüder Karamasow" den fundamentalen Unterschied zwischen West- und Ostkirche herausgestellt. Die Westkirche begehre weltliche Macht und Herrschaft. „Das ist Rom und sein Gedanke". Östlicher Denkweise entspreche es, das Irdische *geistig* in die Kirche zu verwandeln. Erst im Jenseits lassen orthodoxe Christen die Welt hinter sich, die auf Gott zurückgehe, aber nicht zu verbessern sei. Das kontemplative östliche Christentum repräsentierte beispielsweise der sogenannte Kirchenvater Gregor von Nazianz (329-390), der sich sträubte, Ämter zu übernehmen (Gregor von Nazianz, Reden).

Weder akzeptierte man im Osten Augustins radikale Abwertung des Irdischen *noch* glaubten byzantinische Christen, Irdisches und Göttliches versöhnen zu können. Das Irdische wurde anerkannt und die heidnisch-antike Bildung *nicht* verdammt. Eben das taten Ambrosius und Augustin! Ostroms religiös motivierter `Realismus` ermöglichte die Abwehr der Germanen. Umgekehrt hat der abstrakte `Spiritualismus` der abendländischen Christenheit die Verteidigung des weströmischen Reiches verhindert und das mittelalterliche Europa herbeigeführt.

8. Schlussbetrachtung

Wenn wir annehmen wollen, dass John Miltons eingangs zitierte These stimmt, dass die Denkweise der Menschen in sich selbst wurzelt - „der Geist ist sein eigener Ort" -, dann ist die Frage, warum Ost- und Westrom auf die *glei-*

che Völkerwanderung sehr *unterschiedlich* reagierten, im Wesentlichen beantwortet. Die „Bruttogleichung" zur Spätantike lautet wie folgt. 1) West- und Ostrom trennte eine *Differenz* des religiösen Denkens. 2) Diese *gedankliche* Differenz bedingte und verursachte die *faktische* Differenz der beiderseitigen historischen Entwicklungen.

Nicht zuletzt gingen aus dieser Differenz völlig unterschiedliche Geschichtsphilosophien hervor. In Byzanz herrschte der Glaube, dass der bestmögliche Zustand des Reiches in der *Vergangenheit* bereits erreicht wurde. Die Zeit Konstantins I. und Justinians war der große Orientierungspunkt, den es beizubehalten oder wiederherzustellen galt.

Das abendländische Geschichtsdenken verläuft entgegengesetzt; angestrebt wird ein in der *Zukunft* vermuteter Idealzustand. Der Maßstab des Irdischen ist die völlige *Abstraktheit* der unendlichen Gottesidee. Jegliche Vergangenheit sei nur die Vorgeschichte einer Zukunft, deren konkrete Gestalt niemand kennt, die aber *dennoch* begehrt wird. Dem Vergangenen wird kein besonderer Eigenwert zuerkannt, wie das in Byzanz geschah, sondern sie gleicht einer Leiter, die ins Unsichtbare führt.

Westlich-abendländisches Denken pendelt zwischen der *Abwertung* des Irdischen und seiner *Vergöttlichung*. Trennung *und* Vermischung der irdischen und der göttlichen Sphäre, in einem steten und variantenreichen Wechsel begriffen, bilden das dynamische Bewegungszentrum der abendländischen Geschichte [41].

---

[41] Häufig wird das abendländische Denken als Vermischung *oder* Trennung der genannten Sphären missverstanden. In

Das frühe westliche Christentum ruinierte die heidnisch/antike Welt. Sie musste zertrümmert werden, glaubten die Westchristen, weil das Neue sonst nicht zu errichten sei. Erst nachdem die Kirche voll triumphiert hatte, kehrte antikes Denken, vom Klerus misstrauisch beobachtet, teilweise und langsam zurück. Nun galten andere Regeln als in der Spätantike; auch war die römisch-germanische Synthese abgeschlossen.

Aber das Ostreich bewahrte den Römersinn in christlicher Gestalt und trotzte erfolgreich der Völkerwanderung. Langfristig fehlte dem traditionalistischen Osten genügend Kreativität und Byzanz geriet in den Niedergang.

Die westliche Dynamik, welche den gesamten Erdball erfasste, wirkte großenteils zerstörerisch und selbstzerstörerisch. Unzählige hegemoniale, religiöse und ideologische Kriege zogen eine breite Blutspur. Hinzu kamen die Verfolgung Andersgläubiger, eine extreme soziale Ungleichheit, oligarchische politische Strukturen. Der europäische Kolonialimperialismus, dessen Umkehr wir heute erleben, schadete den Kolonisierten ebenso wie den Kolonialisten.

Wissenschaft und Aufklärung traten unnotwendig spät in Erscheinung; die moderne Technik fand oft keine gute Anwendung.

Byzanz galt das letztere Prinzip, dem eine gleichförmigere Denkweise entsprach, die auch bei der Verschmelzung der Sphären anzutreffen ist.

Byzanz erlag geistiger Unbeweglichkeit, der Westen fiel krankhafter *Über*dynamik zum Opfer [42]. Wenn die Definition der Inhumanität darin besteht, dass etwas dem Menschen nicht gerecht wird, dann basiert die abendländische Kultur auf einer zum Scheitern verurteilten religiösen Idee, der viele weltliche Metamorphosen auf die historische Bühne folgten.

Menschen an der abstrakten Unendlichkeit der Gottesidee auszurichten, hat sie oft herabgewürdigt und selten erhöht. Daher lautet mein Vorschlag, einen Schritt in Richtung auf die Antike zurückzugehen, die Selbstentfremdung und Zerrissenheit des Abendländers zu beenden, den Menschen stärker am Maß des Menschen zu orientieren. Der *sinnvolle* kulturhistorische Fortschritt wird dadurch verstärkt und beschleunigt.

9. Quellentexte

Ammianus Marcellinus, Das Römische Weltreich vor dem Untergang, übersetzt von Otto Veh, Zürich und München, 1974

Zosimos, Neue Geschichte, übersetzt und eingeleitet von Otto Veh, Stuttgart 1990
 Klein, Richard (Hrsg.), Der Streit um den Victoria-Altar, (=Texte zur Forschung), Darmstadt 1972

---

[42] Beide gingen aus der jeweils entgegengesetzten Ursache zugrunde, als wären sie logisch aufeinander bezogen. Jeder ethischen Maxime wohnt eine negative Rückseite inne.

Klein, Richard, Symmachus. Eine tragische Gestalt des ausgehenden Heidentums, (=Impulse der Forschung, Bd. 2), Darmstadt 1971

The Fragmentary Classicising Historians of The Later Roman Empire. Eunapius, Olympiodoros, Priscus and Malchus, Translation R. C. Blockley, Liverpool 1983

Sozomenos, Historia Ecclesiastica, Kirchengeschichte, übersetzt und eingeleitet von Günther Christian Hansen, 4 Bände, Turnhout 2004

Kirchenschriftsteller: Aurelius Augustinus, Über den Gottesstaat, in: Bibliothek der Kirchenväter, Band III, Kempten u. München 1916. Ders., Über die Dreieinigkeit, in: Bibliothek der Kirchenväter, Zweite Reihe Band XIII, XI. Band, München 1935. Eusebius von Caesarea, Kirchengeschichte, in: Bibliothek der Kirchenväter, Zweite Reihe Band I, II. Band, München 1932. Gregor der Große, Vier Bücher Dialoge, in: Bibliothek der Kirchenväter, Zweite Reihe, Band III, München 1933. Gregor von Nazianz, Reden, in: Bibliothek der Kirchenväter, Band I, München 1928.

10. Literatur

Albert, Gerhard, Goten in Konstantinopel. Untersuchungen zur oströmischen Geschichte um das Jahr 400 n. Chr., München 1984 (Die Interpretation bleibt an der Oberfläche. West- und Ostrom werden nicht systematisch verglichen; eine Gesamtanalyse der Spätantike fehlt).

Benrath, Henry, Die Kaiserin Galla Placidia, Berlin u.a., 1958

Burckhardt, Jacob, Weltgeschichtliche Betrachtungen, München 2018

Cameron, Alan, Long, Jacqueline, Barbarians and politics at the court of Arcadius, Berkeley, Los Angeles, Oxford, 1993

Clauss, Manfred, Ein neuer Gott für die alte Welt. Die Geschichte des frühen Christentums, Berlin 2015

Demandt, Alexander, Der Fall Roms. Die Auflösung des Römischen Reichs im Urteil der Nachwelt, München 1984 (Eine geschichtswissenschaftlich unergiebige Verarbeitung noch der absurdesten Thesen über den Untergang Roms. Vgl. zur Kritik an diesem Buch die Rezension von Alfred Heuss, in: Merkur, Bd. 39, 1985).

Gibbon, Edward, Verfall und Untergang des römischen Imperiums. Bis zum Ende des Reiches im Westen, übersetzt von M. Walter, 6 Bände, München 2003

Grützmacher, Georg, Synesios von Kyrene. Ein Charakterbild aus dem Untergang des Hellenentums, Leipzig 1913

Heather, Peter, Der Untergang des Römischen Weltreichs, Hamburg 2010

Leppin, Hartmut, Die Kirchenväter und ihre Zeit. Von Athanasius bis Gregor dem Großen, 2. Aufl., München 2006

Lilie, Ralph-Johannes, Byzanz. Geschichte des oströmischen Reiches 326-1453, München 1999

Meier, Mischa, Geschichte der Völkerwanderung. Europa, Asien und Afrika vom 3. bis zum 8. Jahrhundert n. Chr., München 2019 (Umfangreiche, jedoch analytisch konturlose und widerspruchsvolle Darstellung).

Mitchell, Stephen, A History of the later Roman Empire ad 284-641, 2007

Nixey, Catherine, Heiliger Zorn. Wie die frühen Christen die Antike zerstörten, München 2019

Krause, Jens-Uwe, Geschichte der Spätantike, Tübingen 2018

Seeck, Otto, Geschichte des Untergangs der antiken Welt, 6 Bände, Darmstadt 1966

Online: Aurelius Augustinus – Auszüge aus „Der Gottesstaat"

Copyright © 2026 Rolf Helfert
Verlag: BoD · Books on Demand GmbH, Überseering 33,
22297 Hamburg, bod@bod.de
Druck: Libri Plureos GmbH, Friedensallee 273,
22763 Hamburg
ISBN: 978-3-8423-3291-1